Anja Günther / Melanie Jäger

„Ich sehe den Wald vor lauter Bäumen nicht!"

Fördermöglichkeiten für den Alltag visuell wahrnehmungsgestörter Kinder

Vorwort zur 3. Auflage

Nach nunmehr 7 Jahren Gebrauch unseres Buches in der Arbeit mit betroffenen Familien haben wir Teile des Buches überarbeitet und aktualisiert, um es somit für Sie noch effektiver und wertvoller zu gestalten. Die vorliegende 3. Auflage unseres Buches wurde entsprechend unseren Erfahrungen in der Anwendung des Buches und der Erfahrungen der Eltern in der Umsetzung der Fördermöglichkeiten zu Hause geändert. Es stellte sich heraus, dass manche Ideen schwer umzusetzen waren oder Eltern sich mehr Variationsmöglichkeiten wünschten, um den Schwiergkeitsgrad individuell an das Kind und seine Fähigkeiten besser anpassen zu können. Das Grundgerüst des Buches und der Kerninhalt basieren weiterhin auf der von uns durchgeführten Studie. Vielmehr sind die Änderungen als eine Art „Feinschliff" zu betrachten, geprägt durch unsere langjährige Erfahrung mit diesem Thema und diesem Buch, wie z.B. erkenntlich an der Überarbeitung der Zuordnung der jeweiligen Schwerpunkte bezüglich mancher Spielvorschläge oder der Beschreibung einiger Spielideen.

Weiterhin war es uns ein Anliegen, aufgrund der rasanten Entwicklung auf dem Spielemarkt, aktuelle Anregungen und Spiele aus dem Handel einzubringen.

Viel Freude bei der Nutzung des Buches!

Anja Günther-Vogel und Melanie Dallhammer

Anja Günther / Melanie Jäger

„Ich sehe den Wald vor lauter Bäumen nicht!"

Fördermöglichkeiten für den Alltag
visuell wahrnehmungsgestörter Kinder

Wir widmen unsere Arbeit allen
„außergewöhnlichen"
Kindern!

*„Die Kinder brauchen uns nur kurze Zeit,
aber in dieser Zeit brauchen sie uns dringend."*

Caroline Pratt

© 2004 by SolArgent Media, Division of BORGMANN HOLDING AG, Basel

Veröffentlicht in der Edition:
verlag modernes lernen • Schleefstraße 14 • D-44287 Dortmund

3., verbesserte Aufl. 2011

Gesamtherstellung: Löer Druck GmbH, Dortmund
Illustrationen und Titelbild: Nora Mlivončić

Bestell-Nr. 1056   ISBN 978-3-8080-0675-7

Urheberrecht beachten!
Alle Rechte der Wiedergabe dieses Fachbuches zur beruflichen Weiterbildung, auch auszugsweise und in jeder Form, liegen beim Verlag. Mit der Zahlung des Kaufpreises verpflichtet sich der Eigentümer des Werkes, unter Ausschluss der § 52a/b und § 53 UrhG., keine Vervielfältigungen, Fotokopien, Übersetzungen, Mikroverfilmungen und keine elektronische, optische Speicherung und Verarbeitung (z.B. Intranet), auch für den privaten Gebrauch oder Zwecke der Unterrichtsgestaltung, ohne schriftliche Genehmigung durch den Verlag anzufertigen. Er hat auch dafür Sorge zu tragen, dass dies nicht durch Dritte geschieht. Der gewerbliche Handel mit gebrauchten Büchern ist verboten.

Zuwiderhandlungen werden strafrechtlich verfolgt und berechtigen den Verlag zu Schadenersatzforderungen.

Inhalt

Vorwort	**6**
1. Einleitung	**7**
1.1 Vorgeschichte / Entwicklung	7
1.2 An die Ergotherapeuten	7
1.3 An die Eltern	8
1.4 Anleitung zur Nutzung des Handlungsleitfadens	10
2. Ergotherapeutisches Modell „MOHO"	**12**
3. Visuelle Wahrnehmung	**15**
3.1 Einführung	15
3.2 Visuelle Wahrnehmung in der Ergotherapie	17
3.3 Befunderhebung und Therapiemöglichkeiten verschiedener Berufsgruppen	20
3.4 Symptome einer visuellen Wahrnehmungsstörung	22
3.5 Beeinflusste Alltagshandlungen	23
4. Handlungsvorschläge für den Alltag	**25**
4.1 Aktivitäten des täglichen Lebens	25
4.2 Spiel	36
4.3 Arbeit	50
5. Empfehlenswerte Spiele aus dem Handel	**65**
Übersicht der Handlungsvorschläge	**66**
Glossar	**69**
Literatur	**73**

Vorwort

„Außergewöhnliche" Kinder brauchen eine „außergewöhnliche" Förderung !

Diesen Gedanken im Hinterkopf haben wir uns zum Ziel gesetzt, in Form eines Handlungsleitfadens einen Beitrag zum verständnisvollen Umgang mit „außergewöhnlichen" Kindern zu leisten.

Der Alltag mit „außergewöhnlichen" Kindern ist für alle Beteiligten oftmals nicht leicht. Umso wichtiger erscheint uns die Tatsache, betroffenen Familien Unterstützung zur Förderung ihrer Kinder im Alltag bieten zu können. Dabei steht für uns im Vordergrund, dass für die Eltern keine zusätzliche Belastung entsteht, sondern die Fördermöglichkeiten spielerisch in den Alltag zu integrieren sind. Die ganze Familie soll Spaß mit den gezielten Handlungsvorschlägen haben, was nebenbei die beste Voraussetzung für das Aufrechterhalten der Aufmerksamkeit der Kinder darstellt. Ein leistungsbezogenes „Trainingsprogramm" kann für betroffene Kinder zur „Tortur" werden und ist in unserem Sinne deshalb nicht sehr effektiv. Auch wir Erwachsenen kennen das Gefühl, dass wir Dinge, die für uns interessant sind, mühelos lernen und verinnerlichen, wogegen uninteressante Informationen nicht hängen bleiben und das Lernen derselben zu einem mühsamen Kampf werden kann. Kindern ergeht es ebenso, wobei für Kinder der „Spaßfaktor" noch eine entscheidend größere Rolle beim Lernen einnimmt.

Das Lachen der Kinder ist der „Lohn" für die Mühe der Eltern und ein Zeichen dafür, dass es sich „lohnt", Zeit und Energie in die Entwicklung der Kinder zu investieren!

Auf unserem Weg, diesen Handlungsleitfaden zu entwickeln, haben uns viele Menschen in unterschiedlicher Form unterstützt, wofür wir allen hiermit von Herzen danken möchten.

Hierbei möchten wir Nora für die liebevollen Zeichnungen, Marlou für die Beratung von Seiten der Hogeschool Zuyd (NL) und unseren unersetzlichen Technikexperten Patrick besonders hervorheben.

Danke!

Anja Günther und Melanie Jäger

1. Einleitung

1.1 Vorgeschichte / Entwicklung

Im Rahmen unseres Hochschulstudiums für deutsche Ergotherapeuten an der Hogeschool Zuyd in den Niederlanden haben wir eine Bachelorarbeit zum Thema „visuelle Wahrnehmungsstörungen bei Kindern im Alter von 5-7 Jahren" geschrieben. Hierbei stand im Vordergrund, Eltern betroffener Kinder eine Hilfestellung und Unterstützung für zu Hause in Form eines ergotherapeutischen Handlungsleitfadens bieten zu können. Oftmals standen wir in unserer praktischen Arbeit als Ergotherapeuten in der Pädiatrie vor dem Problem, keine deutschsprachigen Veröffentlichungen über dieses Thema und speziell der Elternberatung zur Verfügung zu haben.
Somit wurden in einer Forschungsstudie mittels Fragebögen die notwendigen Daten durch verschiedene „Experten des Themas" erhoben, um diesen Handlungsleitfaden entwickeln zu können. Anschließend wurden die erhobenen Daten von Eltern mit visuell wahrnehmungsgestörten Kindern bewertet und nach Relevanz der Informationsmöglichkeiten und Anwendbarkeit der Handlungsvorschläge beurteilt. Nun halten Sie eine Form der überarbeiteten Studie in den Händen, um eine noch bessere Umsetzung in den Alltag zu ermöglichen. Somit gehen wir davon aus, Sie als Eltern und Therapeuten direkt mit unserem entwickelten Handlungsleitfaden ansprechen zu können. Wir bieten Ihnen darin nötige Informationen, gekoppelt mit effektiven Vorschlägen, für den familiären Alltag an.
Unser Ziel ist es, mit dem auf der durchgeführten Studie basierenden ergotherapeutischen Handlungsleitfaden einen Beitrag zum verständnisvollen Umgang mit Ihren „außergewöhnlichen" Kindern zu leisten.

1.2 An die Ergotherapeuten

Die beratende Funktion der Ergotherapeuten rückt in der heutigen Zeit immer mehr in den Vordergrund. Wir als Ergotherapeuten können nur einen begrenzten Beitrag zur Verbesserung und Förderung der Schwierigkeiten betroffener Kinder bieten. Im Rahmen der Ergotherapie läßt die zeitliche Begrenzung es oftmals nicht zu, dem notwendigen Förderbedarf betroffener Kinder gerecht zu werden. Die Eltern kennen Ihre Kinder am besten und verbringen im Normalfall die meiste Zeit mit Ihnen. Somit spielen die Eltern in der Unterstützung der Behandlung eine entscheidende Rolle, wofür eine entsprechende, ergotherapeutische Beratung notwendig ist. Dieser Handlungsleitfaden soll die Therapie der Kinder mit visuellen Wahrnehmungsstörungen unterstützen und den Eltern die Möglichkeit bieten, die Förderung Ihrer Kinder leicht in den familiären Alltag integrieren zu können.

Im Sinne der Ergotherapie und der Verwirklichung der ergotherapeutischen Grundgedanken ist es wichtig, bedeutungsvolle Handlungen und die Umwelt eines Klienten einzubeziehen. Daher bilden konkrete Handlungsvorschläge zur Förderung betroffener Kinder im familiären Alltag einen zentralen Schwerpunkt in der Unterstützung der ergotherapeutischen Behandlung. Hierbei steht in der Arbeit mit Kindern im Vordergrund, gezielte Förderungen spielerisch in alltägliche Handlungen zu integrieren, und kein problemorientiertes „Trainingsprogramm" zu absolvieren.

Uns ist es wichtig, dass wir als Ergotherapeuten den Eltern beratend und unterstützend zur Seite stehen können, und hoffen durch diesen Handlungsleitfaden einen Beitrag diesbezüglich zu leisten.

Der Handlungsleitfaden soll die Beratung der Eltern von visuell wahrnehmungsgestörten Kindern keinesfalls ersetzen, sondern unterstützend einen Beitrag dazu liefern. Deshalb ist es in unseren Augen wichtig, die Eltern bei der Auswahl und Nutzung der gesammelten Handlungsvorschläge zu begleiten, um eine auf das Kind individuell abgestimmte Förderung zu gewährleisten.

1.3 An die Eltern

Kennen Sie das Gefühl, „den Wald vor lauter Bäumen nicht mehr zu sehen?"
Oder haben Sie schon mal die Erfahrung machen müssen, dass sie beim Einkauf vor dem Regal standen und den gesuchten Gegenstand nicht entdecken konnten, obwohl er sich direkt vor Ihrer Nase befand?
So kann es Ihrem Kind mit einer Schwäche oder Störung in der visuellen Wahrnehmung in vielen Fällen auch ergehen. Es kann bestimmte Dinge nicht so erkennen oder sehen, wie es unter „normalen" Umständen der Fall sein sollte. Dabei gibt sich Ihr Kind vielleicht große Mühe, um nicht wieder vor der „Niederlage" oder der Frustration zu stehen, ohne Hilfe eine Aufgabe nicht ausführen zu können.
Den meisten Kindern ist ihre „Schwäche" bewusst, wenngleich sie es nicht immer verbal ausdrücken können. Im täglichen Vergleich mit Gleichaltrigen im Kindergarten oder der Schule geraten „außerge-

wöhnliche" Kinder oft an ihre Grenzen und spüren dies auch. Deshalb müssen Kinder im familiären Alltag positiv gestärkt und gezielt unterstützt werden. Dabei sollten wir Erwachsenen nicht vergessen und respektieren, dass jeder Mensch und somit jedes Kind anders ist. Im begrenzten Rahmen können wir versuchen, den Kindern die bestmögliche Förderung anzubieten. Sie als Eltern kennen Ihre Kinder am besten und verbringen im Normalfall die meiste Zeit mit ihnen. Aus diesem Grund wenden wir uns an Sie, die ergotherapeutische Behandlung durch eine entsprechende Förderung Ihrer Kinder zu Hause bestmöglich zu unterstützen.

Wir sind uns darüber bewusst, dass in Ihrem Alltag häufig nicht genug Zeit zur Verfügung steht, die Handlungsvorschläge zu integrieren. Dennoch wäre es wichtig, dass Sie so oft wie möglich einige Ideen aufgreifen und Ihr Kind somit auf einer spielerischen Ebene ansprechen.

Mit diesem Handlungsleitfaden wollen wir Ihnen die Möglichkeit geben, Ihre Kinder und deren Schwierigkeiten besser verstehen zu können. Außerdem möchten wir Ihnen gezielte Fördermöglichkeiten in Ihrem familiären Umfeld anbieten. Dabei ist es uns wichtig, dass kein leistungsbezogenes „Trainingsprogramm" absolviert wird, sondern Sie Ihre Kinder spielerisch und mit viel Freude fördern können. Der „Spaßfaktor" spielt hier eine entscheidende Rolle, denn wenn Ihr Kind Spaß hat und sein persönliches Interesse geweckt ist, ist der Lerneffekt am größten. Falls Ihr Kind bei der Ausführung einer Aufgabe nicht alleine zurecht kommt oder „Fehler" macht, stoßen Sie es nicht direkt darauf, sondern helfen Sie Ihrem Kind. Lösen Sie mit ihm gemeinsam die Aufgabe und bauen Sie Ihre Hilfe dabei Stück für Stück immer weiter ab. Lassen Sie Ihr Kind und seine „Fehler" nicht alleine, um ein positives und erfolgreiches Ende der zu bewältigenden Aufgabe zu gewährleisten. Somit können Sie den Ansporn und die Motivation Ihres Kindes unterstützen, die Aufgabe erneut aufzunehmen oder sich neuen Herausforderungen zu stellen.

Beziehen Sie ebenfalls andere Familienmitglieder in die spielerische Förderung mit ein, so dass Ihr Kind keine Sonderstellung erhält und der Spaßfaktor erhöht wird. Vermitteln Sie Ihrem Kind möglichst viele Erfolgserlebnisse und zeigen Sie Ihm deutlich, wenn Sie stolz auf es sind.

Wir wünschen Ihnen und Ihrem Kind viel Spaß beim gemeinsamen Ausführen der Handlungsvorschläge in Ihrem familiären Alltag!

1.4 Anleitung zur Nutzung des Handlungsleitfadens

Im Folgenden soll Ihnen eine kurze Anleitung gegeben werden, wie Sie den Handlungsleitfaden zu Hause sinnvoll nutzen können. Hierbei wünschen wir uns, dass der Handlungsleitfaden durch den behandelnden Ergotherapeuten eingeführt und begleitet wird, und die Handlungsvorschläge auf die Stärken und Schwächen Ihres Kindes individuell abgestimmt werden.
Am Ende des Handlungsleitfadens finden Sie das Glossar mit Erklärungen der im Text verwendeten Fremdwörter und eine Übersicht der Handlungsvorschläge mit einer Zuordnung zum jeweiligen visuellen Wahrnehmungsschwerpunkt.

In Kapitel 3.1 werden die genannten Wahrnehmungstypen und deren Bedeutung näher erläutert. Welcher visuelle Wahrnehmungstyp bei Ihrem Kind betroffen ist, können Sie bei Ihrem behandelnden Ergotherapeuten erfragen, um Ihr Kind individuell fördern zu können.
Die Schwerpunkte der visuellen Wahrnehmung der jeweiligen Handlungsvorschläge sind durch die folgenden Abkürzungen bzw. Symbole kenntlich gemacht:

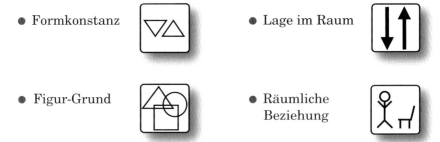

- Formkonstanz
- Lage im Raum
- Figur-Grund
- Räumliche Beziehung

Informieren Sie sich bei Ihrem behandelnden Ergotherapeuten über die Stärken und Schwächen Ihres Kindes in den vier beschriebenen Bereichen der visuellen Wahrnehmung. Durch die Angaben Ihres Ergotherapeuten können Sie nun gezielt die Handlungsvorschläge heraussuchen, die zur bestmöglichen Förderung Ihres Kindes genutzt werden können. Es kann vorkommen, dass mehrere Wahrnehmungstypen zu einem Handlungsvorschlag vorzufinden sind, was nicht zwingend eine hierarchische Zuordnung darstellt, sondern verdeutlicht, dass bei vielen Tätigkeiten mehrere Bereiche der visuellen Wahrnehmung angesprochen und gefordert werden.

Um Ihnen das Zuordnen der benutzten Symbole zu den verschiedenen Wahrnehmungstypen zu erleichtern, können Sie das beiliegende Lesezeichen mit einer „Legende der Wahrnehmungstypen" zur Hilfe nehmen. Somit können Sie schnell feststellen, welchem Schwerpunkt der visuellen Wahrnehmung der von Ihnen ausgewählte Handlungsvorschlag zugeordnet wurde.

Abschließend bleibt noch zu erwähnen, dass die verschiedenen Wahrnehmungstypen in der Theorie zu trennen sind, in der Praxis jedoch meist ein Zusammenspiel aller Komponenten wichtig und unumgänglich ist. Es ist deshalb nicht notwendig, konsequent nur einen spezifischen Wahrnehmungstypen zu fördern. Die Zuordnung zum visuellen Wahrnehmungsschwerpunkt der jeweiligen Handlungsvorschläge soll Ihnen zum besseren Verständnis der verschiedenen Teilkomponenten des großen Komplexes der visuellen Wahrnehmung verhelfen.

2. Ergotherapeutisches Modell „MOHO"

Im Rahmen der Bachelorarbeit wurde als ergotherapeutisches Gedankengerüst und zur Strukturierung der Handlungsvorschläge ein in den USA entwickeltes ergotherapeutisches Modell zur Hilfe genommen. Es handelt sich hierbei um das „Modell der menschlichen Betätigung" nach Gary Kielhofner, welches auch kurz mit „MOHO" (Model of Human Occupation) bezeichnet wird. In der Ergotherapie steht das Handeln des Menschen im Fokus der Behandlung.

Das Modell stellt dahingehend die Betätigung des Menschen in den Vordergrund. Kielhofner bezeichnet den Menschen als handelndes Wesen und ordnet ihn einem „offenen System" zu. Dies bedeutet, dass sowohl der Mensch mit der Umwelt, als auch seine Umwelt mit ihm in unmittelbarer Beziehung und Wechselwirkung zueinander stehen.

Im „Modell der menschlichen Betätigung" wird das menschliche System unter dem Einfluss der Umwelt in die drei folgenden Subsysteme aufgeteilt:

- **Volition** (Wille, Motivation)
- **Habituation** (Gewohnheiten)
- **Performance-Capacity** (Durchführung)

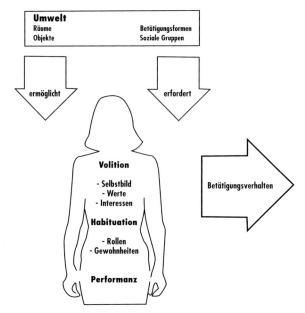

Grundschema des „Model of Human Occupation"
nach Jerosch-Herold 1999

- **Volition** basiert auf dem menschlichen Bedürfnis zu handeln und besteht aus den Bereichen Selbstbild, Interessen und Werte. *„Diese drei Aspekte bestimmen gemeinsam unsere Gefühle, Gedanken und Entscheidungen im Hinblick auf unsere Handlungen"* (Mentrup).
- **Habituation** ist das Betätigungsverhalten eines Menschen, welches durch Gewohnheiten und soziale Rollen geprägt ist. Durch regelmäßige Wiederholungen einer Aktivität ist eine Handlung zu einem Muster bzw. einer Routine geworden (Mentrup).
- **Performance-Capacity** bezieht sich auf *„die spontane Ausführung der Handlungen, die für eine Betätigung notwendig sind"* (Jerosch-Herold). Da eine Handlung ein Zusammenspiel mehrerer Komponenten beinhaltet, wird die Performanz eines Menschen in motorische, prozesshafte und Kommunikations- bzw. Interaktionsfertigkeiten unterteilt.

Weiterhin stellt die Umwelt eine wichtige Rolle im Betätigungsverhalten eines Menschen dar, in dem sie Handlungen einerseits ermöglicht und andererseits auch fordert. Die Umwelt kann somit Möglichkeiten bieten, wie auch Beschränkungen setzen.

„Was Menschen innerhalb ihrer Betätigung tun, formt sie zu den Personen, die sie in Zukunft sein werden. Somit ist Betätigung die zentrale Kraft für Gesundheit, Wohlbefinden, Entwicklung und Veränderung" (Jerosch-Herold).

Die drei oben aufgeführten Subsysteme des Menschen unter dem Einfluss seiner Umwelt bilden das Betätigungsverhalten eines Menschen.

Das Betätigungsverhalten eines Menschen wird von Kielhofner in die drei Handlungsbereiche „Aktivitäten des täglichen Lebens, Spiel und Arbeit" unterteilt, welche wie folgt definiert werden können:

Aktivitäten des täglichen Lebens sind typische Aufgaben des Lebens bezüglich Selbstversorgung und -erhaltung, wie z.B. sich pflegen, baden, essen, putzen oder waschen (Christiansen & Baum).

Spiel gehört zu den Aktivitäten, welche dem eigenen Nutzen dienen, wie z.B. erforschen, feiern, Teilnahme an Spielen und Sport oder Hobbies nachgehen. Spiel ist die früheste Form von Betätigung, welche das gesamte Leben anhält (Shannon, Reilly, Robinson, Vandenberg & Kielhofner).

Arbeit gehört zu bezahlten oder unbezahlten Aktivitäten, welche einen Service oder Waren anbieten für andere wie Ideen, Wissen, Hilfen, Informationsteilung, Unterhaltung, funktionelle oder künstlerische

Objekte und zum Schutz (Chapple, Shannon). Aktivitäten wie Lernen, Praktizieren / Trainieren und Ausbilden verbessern Fähigkeiten für produktive Leistungen, welche Studenten, Arbeitnehmer, Freiwillige o.ä. ausüben (Kielhofner).

Diese Einteilung in die drei Handlungsbereiche eines Menschen ist im weiteren Verlauf zur Gliederung und Strukturierung der Handlungsvorschläge genutzt worden.

3. Visuelle Wahrnehmung

3.1 Einführung

Um die Schwierigkeiten Ihres Kindes besser verstehen zu können, benötigen Sie zunächst ein paar Hintergrundinformationen über die visuelle Wahrnehmung.

Was bedeutet visuelle Wahrnehmung?

Eines der Sinnessysteme des Menschen ist das visuelle System (visuell = das Auge betreffend). Der Mensch nimmt die meisten Sinneseindrücke seines täglichen Lebens durch das Sehen auf.

Die menschliche Wahrnehmung allgemein wird auch als „Perzeption" bezeichnet und bedeutet die Aufnahme von Informationen und deren Weiterleitung zum Gehirn, wo diese schließlich verarbeitet werden. Die Informationen werden in Bezug auf die visuelle Wahrnehmung in Form von visuellen Reizen aus der Umwelt aufgenommen, welche in Zusammenhang mit einer konkreten Handlung stehen können (z.B. Fußgängerampel sehen und bei Rot stehen bleiben).

Visuelle Wahrnehmung nach Frostig und Maslow bezeichnet:

„Die Fähigkeit, visuelle Reize zu erkennen, zu unterscheiden und sie durch die Assoziation mit früheren Erfahrungen zu interpretieren."

Das Sehen bzw. die visuelle Wahrnehmung stellt einen komplexen Vorgang dar, der von einem Kind im Laufe vieler Entwicklungsstufen Schritt für Schritt erlernt werden muss, so wie es beispielsweise auch laufen lernen muss.

Der Handlungsleitfaden beschäftigt sich verstärkt mit der „reinen" visuellen Wahrnehmung. In einer ganzheitlichen, umfassenden Betrachtung eines Menschen sind verschiedene Aspekte und Faktoren der Wahrnehmung von Bedeutung. Erst das Zusammenspiel aller Komponenten trägt zum fehlerfreien „Funktionieren" des Körpers bei. Im engen Bezug zur visuellen Wahrnehmung stehen z.B. die Grob- und Feinmotorik eines Kindes, sowie das Malen, Rechnen, Schreiben oder Lesen.

Im Folgenden werden vier spezifische Typen der visuellen Wahrnehmung nach Frostig et al. unterschieden, welche als Grundlage des Handlungsleitfadens dienen:

Formkonstanz

Die Wahrnehmung der Formkonstanz beinhaltet die Fähigkeit eines Menschen, ein bestimmtes Merkmal einer Person oder eines Gegenstandes trotz wechselnder Bedingungen zu erkennen. Merkmale können hierbei z.B. Form, Größe, Schattierung, Lage oder Oberfläche sein. Hierzu gehört auch das Übertragen aus der zweidimensionalen Ebene (Abbildung) auf ein dreidimensionales Objekt (Gegenstand) und umgekehrt.
Als Beispiel wird ein „A" immer als ein „A" erkannt, unabhängig davon, welche Schriftart, Größe oder Farbe es hat oder aus welcher Position es betrachtet wird.

Figur-Grund

Die Figur-Grund-Wahrnehmung enthält die Fähigkeit eines Menschen, die Aufmerksamkeit auf wichtige Reize zu lenken und eine bestimmte Figur vor ihrem Hintergrund zu erkennen. Hierbei werden unwichtige Reize ignoriert oder weniger deutlich wahrgenommen.
Als Beispiel wird eine bestimmte Person aus einer großen Menschenmenge „herausgefiltert" und deutlich erkannt, auch wenn sich noch viele andere Personen in unmittelbarer Nähe befinden.

Lage im Raum

Das Erkennen der Lage im Raum beinhaltet die Fähigkeit eines Menschen, die räumliche Beziehung zwischen einem Objekt und der eigenen Person zu erkennen. Hierbei spielt u.a. die Bestimmung von oben, unten, links, rechts, sowie von gedrehten oder gekippten Objekten eine Rolle.
Als Beispiel können eigene Körperteile lokalisiert und beschrieben oder ein Stuhl als neben der Person „geortet" werden.

Räumliche Beziehung

Dieser Wahrnehmungsbereich ist eine Weiterentwicklung des Wahrnehmungstypen „Lage im Raum".
Das Erfassen von räumlichen Beziehungen enthält die Fähigkeit eines Menschen, Objekte nicht nur in Beziehung zur eigenen Person, sondern auch in Bezug zueinander wahrzunehmen.
Als Beispiel wird beim Hämmern sowohl die Lage des Nagels und des Hammers zur eigenen Person, als auch die räumliche Beziehung zwischen Hammer und Nagel wahrgenommen.

Die aufgezählten Unterteilungen der visuellen Wahrnehmung sind zum besseren Verständnis in der Theorie getrennt voneinander betrachtet worden. Im praktischen Ausführen einer Handlung sind die Übergänge fließend und nicht unabhängig voneinander zu sehen.

Was bedeutet eine visuelle Wahrnehmungsstörung?

Störungen in der Wahrnehmung basieren auf einer fehlerhaften Aufnahme, Weiterleitung oder Verarbeitung von Informationen im Gehirn. Im konkreten Fall der visuellen Wahrnehmungsstörung sind Informationen in Form von visuellen Reizen betroffen, wodurch die Umwelt nicht vollständig, verzerrt oder undeutlich erlebt wird.

Kinder, die von einer visuellen Wahrnehmungsstörung betroffen sind, haben beispielsweise häufig Probleme beim Rechnen, Lesen oder Schreiben und dies kann deshalb eine der möglichen Ursachen der Lese-Rechtschreibschwäche oder Rechenschwäche sein, was jedoch im individuellen Fall durch entsprechende Berufsgruppen genau abgeklärt werden muss.

Der folgende Text verdeutlicht, was geschehen kann, wenn Kinder Buchstaben nach ihrer Form nicht richtig zuordnen können (Buchstabendreher):

> Ich möchte **q**erne lesen und schrei**d**en, aber es ist sehr anstrengen**b** für mich. Oft wer**b**e ich zu unrecht als Faul**g**elz **d**eschim**q**ft.

Eine funktionierende visuelle Wahrnehmung ist somit eine Grundvoraussetzung zum Erlernen von Lesen, Schreiben, Rechnen etc., was von Ihrem Kind spätestens beim Eintritt in die Schule verlangt wird.

3.2 Visuelle Wahrnehmung in der Ergotherapie

Ergotherapie in der Pädiatrie verfolgt allgemein als oberstes Ziel, Ihr Kind in seiner Entwicklung so zu unterstützen, dass aus ihm ein selbständiger und handlungsfähiger Mensch wird. Um den Stärken und Schwächen Ihres Kindes entsprechende Therapieangebote machen zu können, ist es wichtig über die zur Störung in der Entwicklung führenden Bedingungen Bescheid zu wissen. Es ist notwendig, neben der visuellen Wahrnehmung die Kinder in allen eingeschränkten Bereichen zu erfassen und zu unterstützen, um dem ganzheitlichen Anspruch der Ergotherapie gerecht zu werden. Die Motivation und Bereitschaft der Kinder ist unbedingt erforderlich und deshalb beggnen Ergotherapeuten den Kindern meist auf einer spielerischen Ebene.

Darüber hinaus wird Ihr Kind im Kontext zu seinem sozialen Umfeld betrachtet, wobei die Elternarbeit eine entscheidende Position einnimmt. Unter diesem Gesichtspunkt ist dieser ergotherapeutische Handlungsleitfaden entstanden, was für Sie durch folgendes Schaubild nochmals verdeutlicht werden soll:

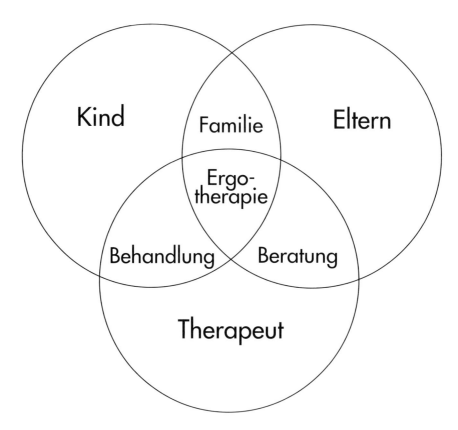

Ergotherapie in der Pädiatrie

Allgemein steht am Beginn eines Therapieprozesses die ergotherapeutische Befunderhebung, gefolgt von einer gemeinsamen Zielformulierung mit dem Behandlungsplan, ausgewählten Methoden und für den Klienten sinnvollen Tätigkeiten. Im Arbeitsfeld Pädiatrie ist das Kind der vorrangige Klient, wobei die Eltern je nach Alter des Kindes ebenfalls eine wichtige Rolle in der Klient-Therapeuten-Beziehung spielen. Der Klient ist im gesamten Therapieprozess ein aktiver Partner und die gemeinsam festgelegten Ziele und ausgewählten Angebote sind auf die individuellen Bedürfnisse, Wünsche und Umstände des Klienten abgestimmt. Während des Therapieverlaufs werden die Ziele und der Behandlungsplan überprüft, evaluiert und ggf. angepasst.

Im Bezug zur visuellen Wahrnehmung verfügt die Ergotherapie in der Pädiatrie über verschiedene Möglichkeiten der Befunderhebung. Generell sollte im Vorfeld eine eingehende augenärztliche Untersuchung stattgefunden haben, um ausschließen zu können, dass organische Defizite der Augen als mögliche Ursache für auftretende Probleme bestehen.

Neben der freien und gezielten Beobachtung, wie z.B. einer Bildbeschreibung oder dem Erfassen von Bildgeschichten, werden in der Ergotherapie häufig Tests zur Überprüfung der visuellen Wahrnehmungsfähigkeit Ihres Kindes durchgeführt. In diesen Tests werden unter anderem die vier spezifischen Wahrnehmungstypen erfasst, die als Grundlage dieses Handlungsleitfadens dienen. Somit können die Ergebnisse der Befunderhebung als Ausgangspunkt für die Auswahl der Therapieangebote genutzt werden. Weiterführend können die jeweiligen Ergebnisse als Richtlinie dafür dienen, die ergotherapeutischen Handlungsvorschläge dieses Buches gezielt und individuell auf Ihr Kind abgestimmt auszuwählen.

Die folgenden möglichen Inhalte einer ergotherapeutischen Befunderhebung mit Möglichkeiten der Therapie sind nur beispielhaft erläutert, um Ihnen einen Einblick in das ergotherapeutische Aufgabenfeld zu verschaffen.

Neben den bereits beschriebenen visuellen Wahrnehmungstypen können für Ergotherapeuten die visuelle Wahrnehmungsgeschwindigkeit gekoppelt mit der Auge-Hand-Koordination, die visuelle Merkfähigkeit, die optische Differenzierungsfähigkeit, Blickfolgebewegungen, Augenfixation, Akkomodation, Konvergenzbewegungen, sowie die Grob- und Feinmotorik etc. bei der Befunderhebung betroffener Kinder von Bedeutung sein.

Im Allgemeinen bietet die Ergotherapie ein ganzheitliches, umfassendes Therapiekonzept an und berücksichtigt nicht nur isolierte Komponenten des Klienten. Das bedeutet, dass z.B. bei betroffenen Kindern die visuellen Wahrnehmungsfähigkeiten nicht nur über den „Sehkanal" gefördert, sondern wenn möglich verschiedene Sinneskanäle angesprochen werden. Neben dem visuellen Erfassen eines Buchstabens kann man denselben „begreifen" lernen, in dem man seine Form z.B. mit den eigenen Händen ertastet (taktiles System).

Die Möglichkeiten der Ergotherapie in Bezug auf visuelle Wahrnehmungsstörungen liegen neben der gezielten Förderung der vier Wahrnehmungsbereiche u.a. im Erlernen von Kompensationsmechanismen, in der Vermittlung von Erfolgserlebnissen, im Erlernen von Positionen im Raum mit Bewegungen des eigenen Körpers, im dreidimensionalen Erfassen bei Konstruktionsproblemen, im „Training" der Augenbewegungen, in der graphomotorischen Förderung oder im „Training" am Computer. Die visuelle Wahrnehmung kann in der ergotherapeutischen Behandlung beispielsweise durch das Therapiekonzept der sensorischen Integration nach Ayres oder das Therapiekonzept nach Frostig gefördert werden.

3.3 Befunderhebung und Therapiemöglichkeiten verschiedener Berufsgruppen

Da Sehen bzw. die visuelle Wahrnehmung ein sehr komplexer Vorgang im menschlichen Körper ist, benötigt man zur ganzheitlichen Betrachtung und Therapie betroffener Kinder eine entsprechende Zusammenarbeit verschiedener Berufsgruppen (interdisziplinäres Team).
Neben den Ergotherapeuten können beispielsweise Augenoptiker, Augenärzte, Orthoptisten oder Psychologen an der Behandlung von visuellen Wahrnehmungsstörungen bei Kindern beteiligt sein.
Im Folgenden möchten wir Ihnen einen kurzen Überblick über das jeweilige Aufgabenfeld der aufgezählten Berufsgruppen im Hinblick auf eine mögliche Befunderhebung und Möglichkeiten der Therapie bei visuell wahrnehmungsgestörten Kindern geben. Hierbei werden Bereiche der visuellen Wahrnehmung außerhalb der Formkonstanz, Figur-Grund-Unterscheidung, Lage im Raum oder der räumlichen Beziehung betrachtet.
Die Angaben stammen auszugsweise aus der im Vorfeld durchgeführten Studie und geben keine Garantie auf Vollständigkeit. Bei Bedarf nehmen Sie bitte direkten Kontakt zur entsprechenden Berufsgruppe auf.

Augenoptiker

Der Augenoptiker ist der Spezialist für die Lösung des individuellen Sehproblems. Die Behebung eines Sehproblems erfolgt durch Brillenversorgung oder Kontaktlinsen. Zur Befunderhebung des Augenoptikers können die Bestimmung der Sehschärfe, das beidäugige Sehen oder die Überprüfung einer bestehenden Winkelfehlsichtigkeit gehören.
Neben der Brillenversorgung kann der Augenoptiker verschiedene Möglichkeiten der Therapie anbieten, wie z.B. ein Visualtraining oder eine binokulare Vollkorrektion nach Haase bei einer Winkelfehlsichtigkeit.

Augenarzt

Der Augenarzt befasst sich mit der Erkennung, Behandlung, Prävention und Rehabilitation von krankhaften Veränderungen des Sehorgans. Hierbei verordnet er beispielsweise Sehhilfen und Klebepflaster, behandelt mit Medikamenten oder er führt Operationen durch.
Bei Kindern kann der Augenarzt die kindliche Entwicklung vom Malen und Ausschneiden zum Schreiben und Lesen oder auch den Zusammenhang zwischen einer visuellen Wahrnehmungsstörung und der Konzentrationsfähigkeit berücksichtigen. Als Möglichkeiten der Therapie kann der Augenarzt z.B. die Beseitigung beidäugiger Sehfehler wie Schielen oder Winkelfehlsichtigkeit anbieten. Häufig arbeiten Augenärzte mit Orthoptisten zusammen, um Augenbewegungsstörungen wie Schielen oder Augenzittern und Sehschwächen mit damit zusammenhängenden Krankheitsbildern zu untersuchen und zu behandeln.

Orthoptist

Der Orthoptist beschäftigt sich hauptsächlich mit der Vorsorge, der Untersuchung und der Behandlung von Störungen des ein- oder beidäugigen Sehens. Dabei erfasst er bei seiner Befunderhebung u.a. die Sehschärfe, Schielerkrankungen, organische Schäden des Auges oder das Farbensehen. Zu den Möglichkeiten der Therapie bietet der Orthoptist u.a. eine Fusionsschulung oder eine Prismenverordnung bei Störungen der beidäugigen Zusammenarbeit an. Die Aufklärung und Beratung der Klienten bzw. der Eltern gehört ebenfalls zum Aufgabengebiet des Orthoptisten.

Psychologe

Der Psychologe befasst sich mit Diagnostik, psychologischer Beratung und Psychotherapie, sowie der Forschung und der Lehre. Bei seiner Befunderhebung zur visuellen Wahrnehmung erfasst er u.a. die Okkulomotorik, die Hand-Auge-Koordination oder die gekreuzte Dominanz von Hand und Auge. Als Möglichkeit der Therapie bietet der Psychologe z.B. Brain-Gym-Übungen oder das Lesen von Texten auf blauem Hintergrund an.

Die Beschreibungen der jeweiligen Aufgaben- und Tätigkeitsfelder der verschiedenen Berufsgruppen soll Ihnen einen kleinen Einblick geben, woran bei einer Auffälligkeit in der visuellen Wahrnehmung gedacht werden sollte und welche Möglichkeiten sich für Sie und Ihr Kind bieten können.

3.4 Symptome einer visuellen Wahrnehmungsstörung

Oftmals können Sie erste Symptome einer visuellen Wahrnehmungsstörung schon erkennen, bevor diese überprüft und festgestellt wurde.
Die Defizite, welche bei einer visuellen Wahrnehmungsstörung auftreten können, äußern sich in unterschiedlichen Bereichen.
Im Folgenden möchten wir Ihnen einige mögliche Symptome aufzeigen, die bei einer visuellen Wahrnehmungsstörung häufig auftreten. Die Symptome sind zur besseren Übersicht in die Bereiche physische, feinmotorische, grobmotorische, psychische Probleme, Lese-, Schreib- und Rechenprobleme, sowie Probleme im Arbeitsverhalten unterteilt.

Physische Probleme:

- Häufiges Augenreiben
- Kopfschmerzen
- Kopf schief halten / schiefe Sitzhaltung

Feinmotorische Probleme:

- Abneigung gegen Malen
- Unsauberes Ausmalen
- Schwaches Schneiden

Grobmotorische Probleme:

- Ungeschickt (z.B. Ball spielen)

Leseprobleme:

- Langsames / stolperndes Lesen
- Buchstaben weglassen / verdrehen
- Zeile verlieren
- Leseunlust

Schreibprobleme:

- Schwache Schriftqualität
- Rechtschreibfehler
- Erschwertes Abschreiben von Tafel

Rechenprobleme:

- Stellenwerterkennung der einzelnen Zahlen (Metzler)
- Umgang mit Geld, Mengen, Zeit und Größen (Metzler)
- Verdrehen der Symbole oder Ziffern (Metzler)
- gesprochene 23 wird als 32 geschrieben (Metzler)

Probleme im Arbeitsverhalten:

- Kurze Aufmerksamkeitsspanne
- Viele Pausen nötig / ermüdet schnell

Psychische Probleme:

- unsicher, ängstlich
- traurig, frustriert

Die aufgeführten Symptome geben nicht ausschließlich und zwangsläufig Hinweise auf eine visuelle Wahrnehmungsstörung. Es gibt eine Menge weiterer Ursachen für die jeweiligen Symptome, aber Sie können Ihnen dabei behilflich sein, die mögliche Reichweite einer visuellen Wahrnehmungsstörung zu begreifen und vielleicht das eine oder andere Verhalten Ihres Kindes für Sie verständlicher zu machen. Treten bei Ihrem Kind die Symptome verstärkt oder über einen längeren Zeitraum auf, kann dies jedoch dafür sprechen, dass möglicherweise eine visuelle Wahrnehmungsstörung vorliegt. Lassen Sie in diesem Fall unter Berücksichtigung der auftretenden Symptome Ihr Kind von Fachpersonal dahingehend untersuchen.

3.5 Beeinflusste Alltagshandlungen

Im Alltag treten bei betroffenen Kindern oftmals Schwierigkeiten oder Auffälligkeiten auf, die man nicht unbedingt mit einer visuellen Problematik in Verbindung bringt. Oftmals wird ein Kind dementsprechend als tollpatschig, ungeschickt oder unaufmerksam empfunden und eingeschätzt. Wir wollen Ihnen hiermit neben häufig auftretenden Symptomen aufzeigen, welche Alltagshandlungen unter einem bedeutenden Einfluss einer visuellen Wahrnehmungsstörung stehen können. Vielleicht erkennen Sie Ihr Kind in einigen Punkten wieder und können dadurch besser verstehen, warum Ihrem Kind einige alltägliche Dinge nicht problemlos gelingen wollen.

Die unter einem bedeutenden visuellen Einfluss stehenden Alltagshandlungen wurden in diesem Leitfaden in die drei Handlungsbereiche nach dem unter Kapitel 2 beschriebenen ergotherapeutischen Modell „MOHO" eingeteilt.

Folgende Alltagshandlungen können durch eine visuelle Wahrnehmungsstörung in der Ausführung von betroffenen Kindern beeinträchtigt sein:

Aktivitäten des täglichen Lebens

- Knöpfe, Druckknöpfe, Reißverschlüsse (öffnen, schließen)
- Schuhe binden
- Getränk eingießen
- Orientierung im Raum, sich verlaufen, vertraute Wege bewältigen
- Im Straßenverkehr zurechtfinden
- Treppe steigen

Spiel

- Ball spielen (fangen, werfen)
- Brettspiele
- Puzzle spielen
- Bilderbuch anschauen
- Bauen nach Vorlage (Bausteine, Mosaik, Lego)
- Klettern
- Fahrrad / Dreirad fahren
- Labyrinth-Spiele

Arbeit

- Malen
- Schneiden
- Schreiben
- Lesen
- Rechnen (Mengen erfassen, Zahlen, Größen)
- Gegenstände suchen (z.B. Gabel aus Besteckkasten, Suchbild, Dose aus Einkaufsregal)
- Symbole / Ziffern zuordnen
- Verbale Positionsanweisungen befolgen (oben, unten, neben, rechts, links, über, unter, etc.)
- Einschätzen von Entfernungen / Abständen (an Türrahmen / Ecken / Personen anstoßen)

4. Handlungsvorschläge für den Alltag

Im Folgenden finden Sie die Handlungsvorschläge zur Förderung der visuellen Wahrnehmung Ihres Kindes. Dabei sind die Vorschläge in die drei Handlungsbereiche „Aktivitäten des täglichen Lebens, Spiel und Arbeit" eingeteilt worden. Im Anschluss der Beschreibung erfahren Sie den Wahrnehmungstyp, welcher in diesem Vorschlag schwerpunktmäßig angesprochenen wird.
Viele der Handlungsvorschläge sind sich ähnlich, es ist jedoch dabei zu bedenken, dass schon kleine Details oder Änderungen der Vorschläge den Schwerpunkt des angesprochenen Wahrnehmungstypen ändern können. Trotzdem sollen Ihrer Phantasie keine Grenzen gesetzt werden und wir wünschen Ihnen und insbesondere Ihrem Kind sehr viel Spaß bei der Umsetzung!

4.1 Aktivitäten des täglichen Lebens

Die Handlungsvorschläge zu den „Aktivitäten des täglichen Lebens" lassen sich meistens so in Ihren Familienalltag integrieren, dass ohnehin zu erledigende und notwendige Aufgaben durch Ihr Kind unterstützt werden können. Die Aufgaben und Ideen kommen z.B. aus dem Haushaltsbereich mit Tätigkeiten wie Einkaufen, Mahlzeiten zubereiten, waschen, Tisch decken oder aufräumen.

4.1.1 Kaufladen

Lassen Sie Ihr Kind in der Küche z.B. alle runden Gegenstände suchen (Töpfe, Tassen, Äpfel, Apfelsinen etc.). Hierbei sind Ihrer Phantasie bei der Vorgabe der Formen oder der Farben keine Grenzen gesetzt. Probieren Sie es ebenso mit dreieckigen, viereckigen oder ovalen Gegenständen, sowie dreidimensionalen Formen (Würfel, Pyramide) aus.
Sie können danach Ihr Kind die Gegenstände auch von groß nach klein ordnen lassen.
Dieses Spiel lässt sich toll als Einkaufsspiel gestalten, indem es im Kaufladen z.B. nur runde Dinge einzukaufen gilt. Spielgeld erhöht zusätzlich den Spaßfaktor.

Schwerpunkt des Wahrnehmungstyps:

4.1.2 Einkaufen im Supermarkt

Das Einkaufen im Supermarkt kann für Ihr Kind zu einer spannenden Aufgabe werden, wenn Sie es verbal auffordern, einen gewünschten Artikel aus dem Warensortiment der Regale ausfindig zu machen. Anstelle der verbalen Aufforderung können Sie Ihrem Kind auch eine Abbildung vorlegen oder vor dem Einkauf gemeinsam einen Einkaufszettel mit Bildern gestalten. Nach der Rückkehr aus dem Supermarkt kann das gemeinsame Kochen nach einem gemalten Plan den Einkauf abrunden. Der Supermarkt bietet ebenso eine Menge Möglichkeiten, um nach bestimmten Formen, Buchstaben oder Firmenlogos zu suchen.

Schwerpunkt des Wahrnehmungstyps:

4.1.3 Buchstabensuppe

Viele Kinder lieben Buchstabensuppe, und das ist für Sie eine gute Gelegenheit, aus dem gemeinsamen Mittagessen ein Spiel zu entwickeln. Ihr Kind soll hierbei bestimmte Buchstaben aus seinem Suppenteller suchen. Aufgaben könnten z.B. sein: „Wer hat den Buchstaben A in seiner Suppe?" oder „Wer findet als erster seinen Namen?"

Schwerpunkt des Wahrnehmungstyps:

4.1.4 Brot streichen

Lassen Sie sich von Ihrem Kind helfen, auf dem gedeckten Tisch beispielsweise die Butter, den Käse, die Wurst oder die Schokoladencreme zu suchen.
Belegen Sie Ihr Brot mit den gewünschten Zutaten und lassen Sie Ihr Kind in der gleichen Weise sein Brot zubereiten. Das Brot kann zusätzlich mit Gurken, Tomatenscheiben, Schokolinsen, o.ä. nach Vorlage garniert und verziert werden und erhöht dadurch den Anspruch der visuellen Anforderung. Man kann hierzu das Brot mit großen Formen zunächst ausstechen und es später beispielsweise mit einem Gesicht verzieren.

Schwerpunkt des Wahrnehmungstyps:

4.1.5 Formen-Obstsalat

Bereiten Sie gemeinsam mit Ihrem Kind einen leckeren und ganz besonderen Obstsalat zu. Aus etwas härteren Obstsorten, wie z.B. einem Apfel oder einer Birne lassen sich Obststücke in verschiedene Formen verwandeln. Mit einem Apfelausstecher lassen sich Kreise ausstechen, oder mit einem Messer kann man aus dem Obst Dreiecke oder Vierecke herstellen. Vielleicht können Sie auch Ihre kleinen Plätzchenformen bei der Zubereitung des besonderen Obstsalates verwenden. Anschließend bereitet das Kind für jedes Familienmitglied ein Schälchen mit je einer Form zu. Guten Appetit!

Schwerpunkt des Wahrnehmungstyps:

4.1.6 Backen

Geben Sie Ihrem Kind die Möglichkeit, Ihnen beim Backen zu helfen. Das Ausstechen und Sortieren der Plätzchen macht Ihrem Kind sicherlich Freude und diese Plätzchen schmecken nachher besonders gut. Plätzchen einer Sorte können nach verschiedenen Größen sortiert werden oder die Anordnung der Plätzchen auf dem Blech muss eine bestimmte Reihenfolge einhalten. Mit Buchstaben- oder Zahlenformen können Wörter oder Rechenaufgaben gebacken werden.

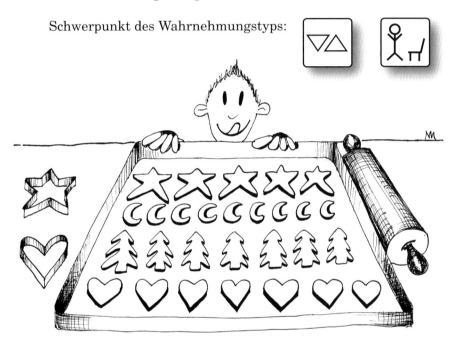

Schwerpunkt des Wahrnehmungstyps:

4.1.7 Weingummi / Gummibärchen o.ä. sortieren

Da Kinder meistens gerne naschen, kann man sie für eine Aufgabe mit Weingummi, Gummibärchen, Schokolinsen, Kekse o.ä. schnell begeistern. Bevor Ihr Kind zur Belohnung z.B. einige Gummibärchen aufessen darf, soll es gleiche Farben der Gummibärchen finden und benennen. Weingummi lässt sich auch gut nach Formen sortieren. Ebenso können Buchstabenkekse einander zugeordnet werden und an einem „K"-Tag schmecken „K"-Kekse besonders lecker.

Schwerpunkt des Wahrnehmungstyps:

4.1.8 Früchte ernten

Wenn Sie es mögen, Früchte selber zu ernten, nehmen Sie Ihr Kind zum gemeinsamen Suchen und Pflücken der reifen Erdbeeren im Feld mit. Wichtig ist hierbei, möglichst viele rote Erdbeeren herauszusuchen. Im Wald sind Heidelbeeren oder Kastanien / Walnüsse im Gras gar nicht so leicht zu entdecken.
Vielleicht haben Sie einen Garten und lassen sich von Ihrem Kind bei der Ernte Ihrer selbst gezüchteten Erbsen helfen.

    Schwerpunkt des Wahrnehmungstyps:

4.1.9 Auftrag erfüllen

Geben Sie Ihrem Kind den Auftrag, einen bestimmten Gegenstand aus der Besteckschublade zu holen oder dort hinzubringen. Es können z.B. eine Gabel, ein Messer oder zwei Löffel sein.
Oder Sie möchten etwas farbig markieren und geben Ihrem Kind den Auftrag, verschieden farbige Buntstifte aus einem Etui zu suchen.
Ebenso ist es möglich, zuvor versteckte Gegenstände suchen zu lassen.

    Schwerpunkt des Wahrnehmungstyps:

4.1.10 Tisch decken

Übertragen Sie Ihrem Kind die Aufgabe, das Decken des Tisches zu übernehmen, oder das Kind soll Ihnen bei dieser Tätigkeit helfen. Hierbei soll es für jedes Familienmitglied in entsprechender Anzahl Besteck, Teller und Gläser anordnen. Eine besondere Herausforderung ist die Idee, wenn hierbei ein „Restaurant" eingedeckt werden soll und der „Chef" vorher für seine Bedienungen ein Mustergedeck vorgelegt hat. Der „Chef" liebt außergewöhnliche Anordnungen und legt immer neue Muster aus schiefen Gabeln mit einem Messer quer darüber, die Serviette unter dem Teller etc.

Schwerpunkt des Wahrnehmungstyps:

4.1.11 Besteck sortieren

Nach dem Spülen oder beim Ausräumen der Spülmaschine kann Ihnen Ihr Kind helfen, das Besteck zu sortieren. Diese Tätigkeit kann das Kind z.B. auch in einer Puppenküche ausführen und entweder das Besteck nach Farben, unterschiedlichen Größen oder nach Funktion sortieren (Gabel zu Gabeln, Messer zu Messern etc.).

Schwerpunkt des Wahrnehmungstyps:

4.1.12 Küchenhilfe

Fordern Sie Ihr Kind auf, dabei zu helfen, die Küche nach einer gemeinsamen Mahlzeit wieder auf Vordermann zu bringen. Es kann z.B. das trockene Geschirr geordnet wegräumen, wobei große zu großen Tellern kommen, Tassen zu Tassen und Suppenteller zu Suppentellern. Bei kräftiger Hilfe bleibt Ihnen dann vielleicht noch Zeit zu einem gemeinsamen Spiel!

Schwerpunkt des Wahrnehmungstyps:

4.1.13 Umfüllen

Wenn Ihr Kind Durst hat, lassen Sie es zu, dass es sich sein Getränk selber eingießt. Wenn mehrere Personen anwesend sind, macht es Kindern oft Spaß, die Gäste zu bedienen und sie mit Getränken zu versorgen. Draußen bieten sich solche Füll- und Mengenspiele im Planschbecken oder einer Kinderbadewanne an. Hierbei benötigt man verschieden große Gefäße, um mit unterschiedlichen Gegenständen Mengen zu erfahren und damit experimentieren zu können.

Schwerpunkt des Wahrnehmungstyps:

4.1.14 Spielzeug aufräumen

Bringen Sie doch etwas Ordnung in das Kinderzimmer und fördern Sie gleichzeitig die visuelle Wahrnehmung Ihres Kindes. Vielleicht fällt es Ihrem Kind leichter aufzuräumen, wenn es bestimmte Richtlinien dazu bekommt. Ihr Kind soll alleine oder mit Ihnen gemeinsam das Spielzeug in Kisten wegräumen. Diese sind mit einem entsprechenden Symbol markiert. Die Bauklötze kommen in die Kiste mit dem Bauklotzsymbol, die Legosteine in die Kiste mit den Legosteinen usw. Sie können dabei variieren oder den Schweregrad erhöhen, wenn beispielsweise die Legosteine zusätzlich noch nach Größe, Form oder Farbe geordnet werden müssen. Spannend ist es für Ihr Kind zur Abwechslung seine Spielsachen mal nach Themen zu sortieren oder viele kleine Dosen mit vielen kleinen Details zu füllen (z.B. Hüte von Playmobilmenschen).

Schwerpunkt des Wahrnehmungstyps:

4.1.15 Anziehen

Geben Sie Ihrem Kind ausreichend Zeit, sich alleine anzuziehen und selbst zu merken, wenn mit der Anordnung der Kleider o.ä. etwas nicht stimmt. Wenn sie Zeit dazu haben, können Sie sich gleichzeitig mit Ihrem Kind anziehen und es kann hierbei schauen, was sie anziehen und wie sie dabei vorgehen. Dazu gehört auch, die Wäsche nach dem Ausziehen wieder richtig herum zu drehen.

Großen Spaß macht es auch ein „Wettanziehen" zu veranstalten, was Kinder stark anspornen kann. Anschließend kann kontrolliert werden, ob auch alle Kleidungsstücke an ihrem richtigen Ort und von der richtigen Seite angezogen wurden. Geben Sie hierbei Ihrem Kind die Chance zu gewinnen!

Schwerpunkt des Wahrnehmungstyps:

4.1.16 Wäsche ordnen / Schuhe aufräumen

Nachdem Sie die Wäsche aus der Maschine geholt haben, können Sie sich mit Ihrem Kind vorstellen, Sie seien in einer Reinigung und müssen nun die noch nassen oder schon getrockneten Strümpfe wieder paarweise zuordnen. Natürlich müssen in einer Reinigung auch Unterwäsche, Handtücher oder T-Shirts geordnet werden.

Damit niemand aus Versehen mit zwei verschiedenen Schuhen das Haus verlässt, können Sie Ihrem Kind als Ergänzung zu den Strümpfen den Auftrag geben, Schuhe paarweise in ein Schuhregal oder einen Schuhschrank einzuräumen.

Schwerpunkt des Wahrnehmungstyps:

4.2 Spiel

Bei den Handlungsvorschlägen „Spiel" steht das Spielen an sich und der Spielcharakter im Vordergrund. Schulähnliche Aspekte wurden in diesem Handlungsbereich weitgehend vermieden. Dennoch sind die Übergänge der Handlungsbereiche „Spiel" und „Arbeit" im Kindesalter fließend und können nicht klar voneinander getrennt werden. Das „Spiel" könnte man auch als das Lernen oder die „Arbeit" des Kindes bezeichnen.

4.2.1 „Ich sehe was, was Du nicht siehst"

Suchen Sie sich unauffällig einen aus Ihrer Position sichtbaren Gegenstand aus. Verraten Sie nun Ihrem Kind, welche Farbe dieser Gegenstand hat. Ihr Kind soll versuchen, durch Fragen nach verschiedenen, sichtbaren Gegenständen mit der genannten Farbe herauszufinden, welcher Ihr ausgewählter Gegenstand ist. Dieses Spiel ist bestens geeignet, um Wartezeiten stressfrei zu überbrücken, da es an jedem Ort spielbar ist. Auch hier könnte man anstelle von Farben nach Formen suchen lassen.

Schwerpunkt des Wahrnehmungstyps:

4.2.2 Spazieren gehen

Während eines Spaziergangs haben Sie oft viele Möglichkeiten, Ihr Kind nach konkreten Dingen zu befragen. Sie können z.B. fragen: „Siehst Du das weiße Haus?", „Siehst Du den kleinen Vogel im Gras?", „Siehst Du den bunten Stein?" oder „Kannst Du die vorbeifahrende Automarke erkennen?"
Weitere Variationen hierzu können sein, bestimmte Formen in der Umwelt wiederzuerkennen. Ein Straßenschild hat beispielsweise die Form eines Dreiecks. Beim Stadtbummel gibt es in Schaufenstern oder auf Schildern aller Art jede Menge zu entdecken, wie z.B. bestimmte Buchstaben oder Zahlen.
Nicht nur während eines Spaziergangs, sondern auch während einer langen Autofahrt können Sie Ihrem Kind mit solchen Herausforderungen die Zeit verkürzen. Vielleicht besitzen Sie eine Zaubertafel, auf welcher Sie Ihrem Kind die zu findende Form o.ä. vormalen können.

Schwerpunkt des Wahrnehmungstyps:

4.2.3 Sammeln

Entdecken Sie mit Ihrem Kind die Sammelleidenschaft und suchen Sie gemeinsam die verschiedensten Materialien, wie z.B. bestimmte Blätter (Ahorn, Buche), Steine, Muscheln, Früchte. Hierbei bietet es sich ebenfalls an, nach eckigen, runden, spitzen oder flachen Gegenständen zu suchen.

Wenn Sie ein Meerschweinchen zu versorgen haben ist das Sammeln von Löwenzahn eine weitere, praktische Variation.

Zu Hause müssen die Funde dann der Größe nach sortiert bzw. in verschiedene Kategorien eingeteilt werden.

Schwerpunkt des Wahrnehmungstyps:

4.2.4 Formen suchen

Bei diesem Spiel bekommt Ihr Kind die Aufgabe, in einem Raum Ihrer Wohnung oder einem anderen Ort, wie z.B. Bahnhof oder Wartezimmer, Gegenstände mit gleicher Form zu suchen. Ihr Kind wird bald erkennen, dass viele Dinge wie Kacheln, Fenster, Türen oder die Tischoberfläche die gleiche Form besitzen. Als Uhr getarnt findet man z.B. oft einen Kreis. Ob es auch dreieckige Gegenstände in diesem Raum gibt?
Als kleine Hilfe kann man auf bereits gefundene Formen einen Zettel o.ä. kleben und diese somit markieren.

Schwerpunkt des Wahrnehmungstyps:

4.2.5 Feuer-Wasser-Eis

Bei diesem Spiel geht oder läuft Ihr Kind durch den Raum oder Garten. Plötzlich rufen Sie „Feuer", „Wasser", oder „Eis". Bei „Feuer" muss sich Ihr Kind flach auf den Boden legen, bei „Wasser" irgendwo drauf stellen und bei „Eis" wie erstarrt oder eingefroren stehen bleiben. Noch mehr Spaß macht es, wenn mehrere Personen mitspielen. Hierbei können Sie Ihrem Kind oder seinen Freunden die „Gewalt" über die Kommandos „Feuer-Wasser-Eis" geben.

Schwerpunkt des Wahrnehmungstyps:

4.2.6 Spielzeugautos

Die meisten Kinder besitzen Spielzeugautos. Benutzen Sie diese doch einmal für ein anderes Spiel. Die Spielzeugautos werden in verschiedenen Positionen bzw. unterschiedlichen Lagen im gesamten Raum verteilt (auf dem Dach liegend, auf den Rädern stehend, auf die Fahrerseite gekippt, auf die Beifahrerseite gekippt o.ä.). Ihr Kind muss die verteilten Autos nun in diesen unterschiedlichen Perspektiven wahrnehmen, die Position sprachlich benennen, als Autos erkennen und einsammeln. Finden alle auf dem Dach liegende Autos zurück in die Garage?

Hierzu können Sie natürlich ebenfalls andere Gegenstände als Spielobjekte benutzen.

Schwerpunkt des Wahrnehmungstyps:

4.2.7 Schatzsuche

Verwandeln Sie Ihre Wohnung oder ein Zimmer in ein Piratenparadies. Stellen Sie eine Karte der Wohnung oder des Zimmers her und zeichnen Sie dort einen Schatz ein. Ihr Kind soll sich nun mittels dieser Schatzkarte auf die Suche nach dem versteckten Schatz begeben.
Als Hilfestellung können Sie Ihrem Kind zusätzlich Hinweisschilder machen, welche den Sucher nach dem Schatz auf die richtige Fährte weisen. Vielleicht möchte Ihr Kind auch einen Schatz für Sie verstecken und Profis müssen hierzu selbst eine Karte aufzeichnen.

Schwerpunkt des Wahrnehmungstyps:

4.2.8 Schaufensterpuppe

Sicher sind Sie mit Ihrem Kind schon mal an einem Schaufenster stehen geblieben und haben sich die „starren" Schaufensterpuppen angesehen. Gestalten Sie Ihr Wohnzimmer doch auch zu einem Schaufenster um. Stellen Sie sich in einer bestimmten Position auf. Nun ist Ihr Kind an der Reihe und muss exakt die gleiche Stellung einnehmen. Entweder sie stehen nebeneinander, gegenüber oder spielen spiegelverkehrt. Danach ist Rollentausch und Ihr Kind darf sich eine Schaufensterpuppe ausdenken, welche Sie nachstellen müssen. Vielleicht möchte sich Ihr Kind dazu verkleiden.

Schwerpunkt des Wahrnehmungstyps:

4.2.9 Labyrinthspiele

Man benötigt einen vorgegebenen Weg, welchen Ihr Kind je nach Vorlage mittels seines Fingers, eines Magneten, eines Stiftes, einer Murmel oder nur mit seinen Augen verfolgen kann. Solche Labyrinthe können von Ihrem Kind oder von Ihnen z.B. auf Papier oder im Sand selbst hergestellt werden.

Schwerpunkt des Wahrnehmungstyps:

4.2.10 Seifenblasen

Seifenblasen sind besonders für Kinder immer wieder faszinierend. Wenn Ihr Kind die zerbrechlichen Blasen nicht nur betrachten möchte, fordern Sie es auf, die Blasen mit der Hand zu zerschlagen. Oder Ihr Kind soll versuchen, die Seifenblasen vorsichtig aufzufangen, was mit dem Seifenblasenring oft gut möglich ist. Eine weitere, erfrischende Variation hierzu ist, die Seifenblasen mit einer Wasserspritzpistole kaputt zu schießen.

Schwerpunkt des Wahrnehmungstyps:

4.2.11 Spinnennetz

Für dieses Spiel benötigen Sie neben einem Knäuel Wolle nur noch Ihre Möbel. Spannen Sie mit Ihrem Kind ein dreidimensionales Netz durch den Raum, indem Sie die Wolle um die verschiedensten Möbelstücke wickeln oder knoten. Wenn ein schönes Spinnennetz entstanden ist, können Sie Wäscheklammern darin befestigen. Ihr Kind ist nun die geschickte Spinne, die diese Klammern im Netz finden und sich einen Weg dorthin suchen muss, um die Klammern einzusammeln.

Anstelle von Wolle können Sie auch Wäscheleine, Luftschlangen o.ä. benutzen.

Als schwierige Variation soll Ihr Kind sich einen Weg durch das Netz hindurch suchen, ohne es dabei zu berühren.

Schwerpunkt des Wahrnehmungstyps:

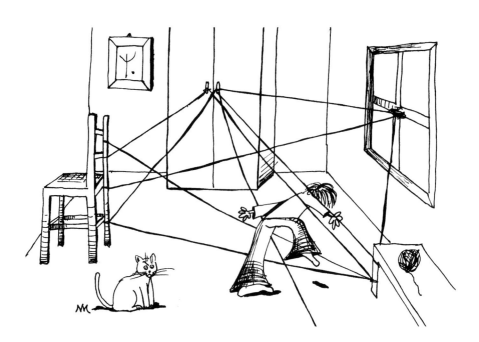

4.2.12 Puzzle

Nahezu alle Haushalte mit Kindern besitzen Puzzle, welche mit oder ohne Vorlage zusammengelegt werden können.
Puzzeln macht besonders viel Spaß, wenn man sich ein eigenes Puzzle gebaut hat. Sie können mit Ihrem Kind beispielsweise ein Puzzle aus Holz oder Pappe gut selbst herstellen. Da Kinder mit Problemen in der visuellen Wahrnehmung oft gar nicht gerne puzzeln, kann die Motivation mit einem Puzzle aus einem beliebten Foto, einer Postkarte oder einem anderen Bild gesteigert werden.

Schwerpunkt des Wahrnehmungstyps:

4.2.13 Hüpfkästchen

Es ist ein altes und weit verbreitetes Kinderspiel, sich mit Kreide ein Hüpfkästchen oder Punktegitter auf die Strasse zu malen, um einen Weg nach einer vorgegebenen Reihenfolge zu springen oder zu gehen. Sie können anstelle der Kreide auf der Strasse auch Klebeband auf einem glatten Untergrund benutzen, um ein Feld aufzukleben. Der vorgegebene Weg kann hierbei beliebig oft von rechts nach links oder von oben nach unten die Richtung wechseln.

Zusätzlich zum aufgemalten oder aufgeklebten Feld können Sie Ihrem Kind einen Weg auf einer Karte aufmalen, an welchem es sich orientieren soll. Für drinnen eignen sich hierzu die im Handel erhältlichen Puzzlematten gut, um Zahlenfolgen oder Wörter zu hüpfen.

Schwerpunkt des Wahrnehmungstyps:

4.2.14 Eckige Straße

Ähnlich wie beim „Hüpfkästchen" können Sie auch eine Strasse mit Kreide aufmalen oder mit Klebeband aufkleben. Im Sand o.ä. eignet sich auch ein Stock zum Ziehen einer erkennbaren Strasse. Die Kurven der Strasse sollten im rechten Winkel vorgegeben sein. Geben Sie Ihrem Kind nun den Auftrag, beim entlang Laufen auf der Strasse verbal anzukündigen, in welche Richtung es läuft. Ihr Kind soll Ihnen z.B. sagen: „Ich gehe nach links.", „Ich gehe nach rechts."
Machen Sie Ihrem Kind zur Abwechslung den Vorschlag, die Strasse mit einem Hüpfball, Stelzen, einem Roller oder wenn möglich einem Fahrrad zu bewältigen.
Eine weitere Variation hierzu wäre, Ihrem Kind zu sagen, in welche Richtung es gehen soll.

Schwerpunkt des Wahrnehmungstyps:

4.2.15 Bauen einer Höhle

Bieten Sie Ihrem Kind an einem regnerischen oder kalten Wintertag an, dass es in einem Zimmer eine Höhle zum Hineinkrabbeln bauen darf. Stellen Sie ihm dafür ausreichend Polster, Stühle, Wäscheklammern, Decken, Tücher etc. zur Verfügung. Es stellt für das Kind eine neue Herausforderung dar, wenn die Höhle so groß sein soll, dass es sich auch hineinstellen kann.

Schwerpunkt des Wahrnehmungstyps:

4.2.16 Kugelbahn

Vielleicht besitzen Sie eine Kugelbahn aus Holz oder Kunststoff, welche das Kind zunächst selbständig aufbauen muss. Ihr Kind muss darüber nachdenken, wie die Bahn aufgebaut werden muss, damit eine Murmel oder Kugel rollen kann.

Als Alternative zu einer aus Einzelteilen bestehenden Kugelbahn kann man auch gut einen Sandberg mit entsprechenden Rillen versehen.

Schwerpunkt des Wahrnehmungstyps:

4.2.17 Zauberer

Zauberei zieht die meisten Kinder magisch an. Verwandeln Sie sich doch mal in einen Zauberer, wobei Ihr Kind Ihr Assistent ist. Der Assistent wird nun vom Zauberer z.B. auf einen Stuhl, neben das Sofa, hinter die Tür oder unter den Tisch „gezaubert".

Besonders viel Spaß macht dieses Spiel, wenn Sie und Ihr Kind sich dazu noch verkleiden und zwischendurch die Rollen tauschen.

Schwerpunkt des Wahrnehmungstyps:

4.2.18 „Wirrwarr"

Nachdem Sie auf einem Tisch verschieden farbige Seile durcheinander gelegt haben, bitten Sie Ihr Kind, Ihnen zu helfen, dieses „Wirrwarr" aufzulösen. Dabei nimmt jeder von Ihnen ein Ende eines Seiles und sucht nur mit den Augen das entsprechende andere Ende. Da die Versuchung am festgehaltenen Ende zu ziehen sehr groß sein kann, können Sie das eine Seilende auch mit einem Symbol o.ä. kennzeichnen, indem Sie z.B. einen Apfel darauf legen und niemand die Seile berühren darf.

Anstelle von bunten Seilen können Sie auch Tücher benutzen. Besonders schwierig wird die Aufgabe, wenn die verwendeten Seile oder Tücher alle die gleiche Farbe haben und sich somit kaum voneinander absetzen.

Schwerpunkt des Wahrnehmungstyps:

4.2.19 Orientierungsspiel

In diesem Spiel werden zunächst attraktive Gegenstände in verschiedenen Positionen versteckt, d.h. auf etwas, unter etwas, hinter etwas, zwischen etwas etc. gelegt. Danach bekommt das Kind den verbalen Auftrag, welche Gegenstände es in welchen Positionen suchen soll. Nachher werden die Rollen getauscht. Für kleinere Kinder kann dieses Spiel anstelle von Positionsbeschreibungen auch mit Farben oder Formen gespielt werden, die dann zu suchen sind.

Schwerpunkt des Wahrnehmungstyps:

4.2.20 Seilspiele

Fordern Sie Ihr Kind auf, mit ausreichend Bändern oder Seilen (z.B. Meterware aus dem Baumarkt) verschiedene Dinge auszuprobieren. Ihr Kind kann beispielsweise daraus eine Strasse legen oder je nach Befestigung sich darüber oder darunter durch bewegen, flechten, etwas umwickeln oder verpacken. Außerdem eignen sich Bänder oder Seile besonders gut, um zu knoten oder etwas fest zu binden. Vielleicht gelingt es Ihrem Kind sogar, die gemachten Knoten selber wieder zu entknoten. Weiterhin lassen sich Fädelspiele gut selber bauen: einfach in einen dicken Karton oder ein Stück Holz Löcher bohren und mit einem Schnürsenkel fädeln; es kann sich z.B. eine Maus am Ende des Schnürsenkels durch die Löcher im Käse fressen.

Schwerpunkt des Wahrnehmungstyps:

4.2.21 Körperbild

Ein etwas anderes Bild als gewöhnlich stellt das „Körperbild" dar. Besorgen Sie ein großes Stück Papier oder Tapete, worauf sich Ihr Kind flach hinlegen soll, damit Sie seinen Körper sichtbar umranden können. Beim gemeinsamen Ausmalen des Körpers können prima die einzelnen Körperteile eingezeichnet und benannt werden. Eventuell können Sie Ihr Kind seinen „eigenen" Körper ausschneiden lassen.
Dann suchen Sie mit Ihrem Kind gemeinsam einen Platz in der Wohnung aus, wo das lebensgroße Bild Ihres Kindes aufgehängt wird.

Jetzt können Sie gemeinsam mit Ihrem Kind vergleichen, welche Gegenstände der Wohnung größer oder kleiner als das Körperbild sind oder was sich nahe daran bzw. weit weg davon befindet.

Schwerpunkt des Wahrnehmungstyps:

4.2.22 Schlagzeug spielen

Liebt Ihr Kind es auch, ordentlich Krach zu machen? Oder Schlagzeug zu spielen? Dann ist dieser Vorschlag genau richtig für Sie. Suchen Sie verschieden große Trommeln, Becken, Töpfe oder Eimer zusammen und lassen Sie der musikalischen Ader Ihres Kindes freien Lauf. Ihr Kind kann zum Trommeln seine Hände und Füße oder einen Kochlöffel benutzen. Je kleiner die Behälter und Schlägel sind, desto schwieriger ist es für ihr Kind, zu treffen.

Schwerpunkt des Wahrnehmungstyps:

4.3 Arbeit

Die Handlungsvorschläge zum Bereich „Arbeit" haben mehr Lerncharakter, wie z.B. das Erlernen von Buchstaben oder Zahlen und gleichen manchmal evtl. „schulähnlichen" Situationen. Trotzdem soll Ihr Kind Spaß dabei haben und sich nicht unter Druck gesetzt fühlen. Wie schon beim Handlungsbereich „Spiel" erwähnt, sind die Übergänge vom „Spiel" zur „Arbeit" eines Kindes fließend und können daher nur schwer voneinander getrennt werden.

4.3.1 Bücher anschauen / lesen

Machen Sie ein Suchspiel aus dem gemeinsamen Betrachten von Bilderbüchern. Hierzu eignen sich besonders Bücher mit vielen Einzelheiten oder Wimmel- und Suchbilderbücher. Lassen Sie sich von Ihrem Kind einzelne Gegenstände auf den Bildern zeigen und benennen, z.B. Auto, Pferd, Kind, Haus oder Baum. Fragen Sie dabei beispielsweise „Wer sieht zuerst den Zwerg?", „Wer findet die Giraffe?" oder „Wo ist der Hund"?

Schwerpunkt des Wahrnehmungstyps:

4.3.2 Landkarte lesen

Nehmen Sie zur Abwechslung einmal eine Landkarte zum Betrachten. Man kann hier verschiedene Symbole für bestimmte Dinge finden, wie Autobahnen, Raststätten, usw. Geben Sie Ihrem Kind den Auftrag, ein Symbol möglichst oft zu finden.

Schwerpunkt des Wahrnehmungstyps:

4.3.3 Buchstaben- oder Zahlensee

Besitzen Sie Magnetzahlen oder –buchstaben? Oder haben Sie dergleichen aus Holz? Dann machen Sie ein Spiel daraus und lassen Sie sich von Ihrem Kind bestimmte Buchstaben oder Zahlen aus einem „See" suchen. Falls Ihr Kind noch nicht mit den zu suchenden Buchstaben oder Zahlen vertraut ist, schauen Sie sich diese vorher gemeinsam an.

Einen höheren Anreiz bietet es Kindern, wenn sie aus dem „See" die Buchstaben oder Zahlen mit einer „echten" Angel herausfischen können. Solche Buchstaben oder Zahlen lassen sich z.B. gut aus Moosgummi herstellen, welche mit einem Stück Metall beklebt oder einer Büroklammer versehen werden. Nun fehlt nur noch die Magnetangel und das spielerische Lernen kann beginnen.

Eine weitere alltagstaugliche Variante bietet die Tageszeitung. In Artikeln können Sie Ihr Kind bestimmte Buchstaben heraussuchen und farblich markieren lassen. Oder Sie können auf einem Blatt Papier Buchstaben oder Zahlen kreuz und quer aufschreiben und Ihr Kind auffordern, möglichst viele einer bestimmten Sorte zu finden.

Schwerpunkt des Wahrnehmungstyps:

4.3.4 Sortieren / Gegenstände zuordnen

Nehmen Sie Ihr Kind beim Aufräumen der Werkstatt oder Ihres Nähkästchens mit und lassen es beim Sortieren der durcheinander gekommenen Gegenstände helfen. Hierbei kann Ihr Kind die Schrauben, Nägel oder Knöpfe nach bestimmten Eigenschaften, wie Größe, Form, Farbe oder Anzahl der Löcher sortieren.
Wenn es nicht die Werkstatt oder Ihr Nähkästchen sein soll, können Sie Ihr Kind verschiedene Flächen und Körper erkennen und benennen lassen, wie z.B. Kugeln, Murmeln oder Würfel. Wenn Sie Naturmaterialien mögen, erfüllen Blätter, Steine o.ä. den gleichen Zweck.

Schwerpunkt des Wahrnehmungstyps:

4.3.5 „Roboter" programmieren

Geben Sie Ihrem Kind zwischendurch verbale Anweisungen, die es befolgen soll. Hierbei ist es die Aufgabe Ihres Kindes, bestimmte Positionen einzunehmen. Sie können Ihrem Kind z.B. sagen, es soll auf einen Stuhl klettern, nach einem Glas hinter sich greifen oder es soll den Zettel holen, der unter dem Buch liegt.
Ein lustiges Spiel ist auch, wie ein Roboter von den Eltern gesteuert zu werden: „Gehe nach links", „Gehe nach rechts" usw.
Wenn Sie eine Variante ohne verbale Anteile suchen, können Sie ein langes Seil nehmen und über bzw. unter verschiedene Möbelstücke legen. Ihr Kind hat nun die Aufgabe, diesem Seil über den Stuhl, unter dem Tisch, neben dem Sofa entlang zu folgen.

Schwerpunkt des Wahrnehmungstyps:

4.3.6 Formen legen

Ein schönes Spiel mit vielen Variationsmöglichkeiten bietet das Formen legen. Hierbei können Sie Ihr Kind Formen, Buchstaben oder Zahlen frei legen oder kneten lassen oder den Auftrag geben, eine Vorlage nachzubilden. Tücher, Holzteile, Seile, Knete oder Streichhölzer eignen sich dazu gut.
Es kann viel Spaß machen, Lehrer und Schüler zu spielen. Der Lehrer bringt dem Schüler die Formen bei und kann sie dazu z.B. auf eine Tafel schreiben, Kreise legen, Tücher falten oder im Sand schreiben. Ihr Kind kann somit spielerisch ein „A" immer als „A" begreifen und erkennen lernen. Tauschen Sie ruhig die Rollen und überlassen Sie Ihrem Kind die Lehrerrolle.

Schwerpunkt des Wahrnehmungstyps:

4.3.7 Lego nach Vorlage bauen / Bauklötze nach Modell bauen

Nehmen Sie die Legosteine oder Bauklötze Ihres Kindes und lassen Sie es ein Muster, Gebilde oder eine Reihenfolge aus den Materialien aufgrund einer Vorlage oder eines Modells nachbauen. Hierbei kann das Kind ein gebautes, dreidimensionales Muster zweidimensional auf ein Blatt Papier abzeichnen. Die angefertigte Zeichnung kann somit als Vorlage dienen, um das Muster wieder nach zu bauen.
Alternativ zu Legosteinen oder Bauklötzen eignen sich für diesen Zweck ebenso Stöcke, Gläser, Flaschen o.ä. Lassen Sie Ihrer Phantasie freien Lauf!

Schwerpunkt des Wahrnehmungstyps:

4.3.8 Maurer und Architekt

Spielen Sie mit Ihrem Kind Maurer und Architekt. Aus dreidimensionalen Bausteinen wird hier eine Mauer, ein Turm, ein Haus, Straßen, Burgen o.ä. gebaut und gezeichnet. Entweder zeichnet der Architekt eine Mauer vor und der Maurer muss sie dann der Skizze entsprechend aufbauen, oder aber der Maurer baut dem Architekten eine Mauer vor und dieser muss sich dann eine Kopie dieser Mauer auf Papier anfertigen.

Schwerpunkt des Wahrnehmungstyps:

4.3.9 Detektivspiel

Ihr Kind und Sie oder eine andere Person erhalten jeweils einen identischen Satz an Bausteinen. Nun wird eine Trennwand zwischen Ihrem Kind und Ihnen aufgestellt und es wird bestimmt, wer in dieser Runde der Detektiv sein darf. Der Detektiv erhält vom Mitspieler verbale Erklärungen, wie und wo er die Bausteine positionieren soll. Das könnte sich z.B. so anhören: „Lege den roten Würfel auf den Blauen", „Setze neben den blauen Baustein einen Gelben".
Sobald das Gebilde fertig ist, wird die Trennwand entfernt und der Detektiv kontrolliert, ob er die Aufträge richtig ausgeführt und somit den Fall gelöst hat.
Wenn Sie eine Magnettafel besitzen, können Sie diese alternativ zu den Bausteinen benutzen und anschließend ebenfalls kontrollieren, ob der Detektiv die richtige Lösung gefunden hat.

Schwerpunkt des Wahrnehmungstyps:

4.3.10 Stillleben

Ihr Kind soll sich eine Anordnung von verschiedenen Gegenständen merken und dann herausfinden, welchen der Gegenstände Sie entfernt oder an einen anderen Platz gelegt haben (Kim-Spiele). Hierzu können Sie Gegenstände wie Photos, Bildkarten (Memory), Stifte, Würfel, Murmeln, Puppen, Autos und vieles mehr verwenden. Hat Ihr Kind die Veränderung des Stilllebens benannt, so darf es den betreffenden Gegenstand wieder in seine Ausgangsposition bringen.

Schwerpunkt des Wahrnehmungstyps:

4.3.11 Malen

Sie kennen sicherlich „Malen nach Zahlen".
Lassen Sie ihr Kind Zahlen oder Punkte in einer vorgegebenen Reihenfolge verbinden, so dass bei richtigem Befolgen eine sichtbare Figur erkennbar wird.
Sie können dazu auch mit Kreide auf der Straße malen und Ihr Kind soll den Weg der Reihenfolge der Zahlen nach abgehen oder mit einem Hüpfball abhüpfen.

Schwerpunkt des Wahrnehmungstyps:

4.3.12 Schattenmalen

Werfen Sie mit einer Lampe oder einer Kerze den Schatten eines Gegenstandes auf den Tisch und halten Sie ein Blatt Papier bereit. Ihr Kind soll nun den Schatten dieses Gegenstandes umranden. Schwierig wird es, wenn mehrere Gegenstände einen Schatten werfen, aber nur ein bestimmter umrandet werden soll!

Schwerpunkt des Wahrnehmungstyps:

4.3.13 Strichbild

Stellen Sie mit Ihrem Kind ein großes, abstraktes Bild her. Hierbei wird ein großes Blatt Papier, ein Tapetenrest o.ä. benötigt. Optimal ist hierbei ein Papier mit Karomuster. Ihr Kind darf das Bild von einem Startpunkt aus auf Ihre Richtungsanweisung hin malen, indem es jeweils nur einen Strich zeichnen darf. Dieser darf keine Rundungen haben und muss immer in eine andere Richtung gehen, als der Strich davor eingeschlagen hat. Eine ähnliche, bekannte Variante dieses Spiels ist „Käsekästchen".

    Schwerpunkt des Wahrnehmungstyps:

4.3.14 Basteln

Basteln Sie mit Ihrem Kind und lassen es Buchstaben, Zahlen oder geometrische Formen dreidimensional erarbeiten. Geeignetes Material hierzu ist Knete, tonähnliche Masse, Salzteig oder Fimo. Hierbei können Sie z.B. einen Würfel herstellen, ihn anmalen und anschließend zum Spielen nutzen.

    Schwerpunkt des Wahrnehmungstyps:

4.3.15 Stanzbilder

Sicher haben Sie schon mal Stanzer mit verschiedenen Motiven gesehen, welche wie Locher funktionieren. Lassen Sie Ihr Kind verschiedene Motive ausstanzen und verzieren Sie damit anschließend Karten oder stellen Bilder daraus her. Hierbei sollte nach bestimmten Reihenfolgen, einem System, nach Vorlagen gearbeitet oder nach Anweisungen aufgeklebt werden.

    Schwerpunkt des Wahrnehmungstyps:

4.3.16 Schnittmuster

Nehmen Sie Bastelbücher, alte Modezeitschriften oder selbst hergestellte Schnittmuster und fordern Sie Ihr Kind auf, die Figuren nachzufahren oder abzupausen. Anschließend soll Ihr Kind die Figuren ausschneiden und kann daraus ein Mobile oder ein Angelspiel herstellen. Hierzu können Sie verschiedene Materialien verwenden, wie z.B. Holz, Papier, Pappe oder Moosgummi. Der Schwierigkeitsgrad erhöht sich, wenn Sie Vorlagen haben, wo sich mehrere Muster / Figuren überschneiden und Ihr Kind eben einer bestimmten Linie folgen muss, um die gewünschte Figur herauszufiltern. In Bastelbüchern gibt es bei den Vorlagen oft solche übereinanderliegenden Figuren.

Schwerpunkt des Wahrnehmungstyps:

4.3.17 Faltarbeiten

Eine bekannte Faltkunst ist das „Origami". Versuchen Sie doch mal mit ihrem Kind einfache Formen oder Figuren zu falten. Hierbei können Sie das Falten direkt vormachen, Ihrem Kind eine Vorlage anbieten oder es nach Anweisungen falten lassen. Es können beeindruckende Ergebnisse entstehen.

Schwerpunkt des Wahrnehmungstyps:

4.3.18 Stickbilder nähen

Es gibt vielfältige Stickbilder oder Stickkarten. Geben Sie Ihrem Kind die Aufgabe, an einem vorgegebenen oder perforiertem Weg entlang zu sticken oder zu nähen. Anschließend können Sie die Bilder an liebe Menschen verschicken oder verschenken.

Schwerpunkt des Wahrnehmungstyps:

4.3.19 Gummibilder

Stellen Sie zwei identische Nagelbretter her. Auf einem Holzbrett werden die Nägel jeweils in ungefähr gleichem Abstand angeordnet.

Nun spannen Sie mit Gummis Muster oder Bilder um die Nägel eines Brettes. Ihr Kind soll das vorgegebene Muster oder Bild auf dem eigenen Brett durch Umspannen der Nägel nachbilden. Hierbei können Sie Gummis in mehreren oder nur einer Farbe benutzen. Eine Farbe erhöht die Schwierigkeitsstufe.
Als Variation können Sie die Nägel auch mit Fäden umspannen und somit schöne Fadenbilder zum Verschenken oder Behalten entstehen lassen.

Schwerpunkt des Wahrnehmungstyps:

4.3.20 Kartoffeldruck

Bedrucken Sie mit Ihrem Kind T-Shirts, Beutel, Tischsets oder anderes. Die Stempel werden dabei aus Kartoffeln hergestellt. Schneiden Sie dazu aus den Kartoffeln Motive aus oder benutzen Sie Plätzchenformen zum Ausstechen. Mit Korken kann man ebenso gut stempeln. Geben Sie anschließend Wasserfarbe auf den entstandenen Stempel. Die Kartoffelmotive können nun auf die zu bedruckenden Utensilien gedrückt werden und es entstehen schöne Muster. Auch hierbei ist es wichtig, dass Ihr Kind beim Stempeln eine bestimmte Reihenfolge erfindet und diese dann wiederholt oder ein von Ihnen vorgegebenes Muster kopiert. Es ist dabei wichtig, ggf. auf die richtige Lage der Stempelmotive zu achten.

Schwerpunkt des Wahrnehmungstyps:

4.3.21 Laubsägearbeiten

Eine weitere handwerkliche Tätigkeit ist das Laubsägen. Ihr Kind darf sich ein Motiv aussuchen, welches es aus Holz herstellen möchte. Es muss zunächst die Vorlage auf einem Stück Holz nachmalen oder abpausen. Anschließend werden die Motive ausgesägt, geschliffen und angemalt. Sie können Ihrem Kind beim Vorzeichnen auch helfen.

Schwerpunkt des Wahrnehmungstyps:

5. Empfehlenswerte Spiele aus dem Handel

Spiele zur Formkonstanz:
- „Quartett" (verschiedene Anbieter und Variationen, z.B. Ravensburger)
- „Formogram" (Verlag Rolf, Holland)
- „Colorama" (Verlag Ravensburger)
- „Schnuffel" (HABA)
- „Verfühlt nochmal" (HABA)
- „Klappe auf" (Verlag Ravensburger)
- „Tastaro" (beleduc)

Spiele zu Figur-Grund:
- „Strippensalat" (Berliner Spielkarten Verlag)
- „Mikado" (verschiedene Anbieter und Variationen, z.B. Ravensburger oder Schmidt)
- „Domino" (verschiedene Anbieter und Variationen, z.B. Ravensburger oder Beluga)
- „Figurix" (Verlag Ravensburger)
- „Baufix" (LORENZ)
- „Colorama" (Verlag Ravensburger)
- PC-Spiel „Neues von Pettersson und Findus" (Verlag Friedrich Oetinger)
- „Spielhaus" (Bookmark-Verlag)
- Wimmelbilderbücher (z.B. Wo ist Walter? Verlag Sauerländer)

Spiele zur Lage im Raum:
- „Tangram" (chinesisches Spiel, verschiedene Anbieter, z.B. TOPOS Verlag)
- „Schau genau" (Verlag Ravensburger)
- „Gesagt, getan" (HABA)
- Gittertiere (Schubi Verlag)

Spiele zur räumlichen Beziehung:
- „Twister" (MB-Spiele)
- „Tetris" (für Gameboy von Nintendo)
- „Jambo Kenya" (Akzente Verlag)
- „Verrücktes Labyrinth" (Verlag Ravensburger)
- „Rush Hour" (Thinkfun)
- „Make´n break" (Verlag Ravensburger)
- „Baufix" (LORENZ)
- „Jenga" (MB-Spiele)
- „Kapla"- Steine
- „Lego" -Bausätze nach Vorlagen
- „Nikitin"-Material (Logo Lernspiel-Verlag)

Übersicht der Handlungsvorschläge mit Zuordnung des jeweiligen visuellen Wahrnehmungsschwerpunktes

Handlungsvorschläge **Aktivitäten des täglichen Lebens**	▽△	◐	↕	🧍
4.1.1 Kaufladen	x			
4.1.2 Einkaufen im Supermarkt	x	x		
4.1.3 Buchstabensuppe	x	x		
4.1.4 Brot streichen		x		
4.1.5 Formen-Obstsalat	x			
4.1.6 Backen	x			x
4.1.7 Weingummi / Gummibärchen o.ä. sortieren	x	x		
4.1.8 Früchte ernten		x		
4.1.9 Auftrag erfüllen		x		x
4.1.10 Tisch decken			x	x
4.1.11 Besteck sortieren	x	x		
4.1.12 Küchenhilfe	x			
4.1.13 Umfüllen				x
4.1.14 Spielzeug aufräumen	x	x		
4.1.15 Anziehen			x	x
4.1.16 Wäsche ordnen / Schuhe aufräumen	x	x		

Handlungsvorschläge **Spiel**	▽△	◯◻	↕↑	👤
4.2.1 „Ich sehe was, was du nicht siehst"	x	x		
4.2.2 Spazieren gehen	x	x		
4.2.3 Sammeln	x	x		
4.2.4 Formen suchen	x			
4.2.5 Feuer-Wasser-Eis			x	
4.2.6 Spielzeugautos			x	
4.2.7 Schatzsuche		x		
4.2.8 Schaufensterpuppe				x
4.2.9 Labyrinthspiele				x
4.2.10 Seifenblasen				x
4.2.11 Spinnennetz				x
4.2.12 Puzzle	x	x	x	
4.2.13 Hüpfkästchen				x
4.2.14 Eckige Straße			x	
4.2.15 Bauen einer Höhle			x	x
4.2.16 Kugelbahn				x
4.2.17 Zauberer				x
4.2.18 „Wirrwarr"		x		
4.2.19 Orientierungsspiel			x	x
4.2.20 Seilspiele				x
4.2.21 Körperbild				x
4.2.22 Schlagzeug spielen				x

Handlungsvorschläge **Arbeit**	▽△	◯◻	↕	👤
4.3.1 Bücher anschauen / lesen		x	x	
4.3.2 Landkarte lesen	x			
4.3.3 Buchstaben- oder Zahlensee	x	x		
4.3.4 Sortieren / Gegenstände zuordnen	x	x		
4.3.5 „Roboter" programmieren				x
4.3.6 Formen legen	x		x	x
4.3.7 Lego nach Vorlage bauen / Bauklötze nach Modell bauen			x	x
4.3.8 Maurer und Architekt	x		x	x
4.3.9 Detektivspiel				x
4.3.10 Stillleben		x	x	
4.3.11 Malen			x	x
4.3.12 Schattenmalen				x
4.3.13 Strichbild			x	
4.3.14 Basteln			x	
4.3.15 Stanzbilder			x	x
4.3.16 Schnittmuster		x		x
4.3.17 Faltarbeiten				x
4.3.18 Stickbilder nähen				x
4.3.19 Gummibilder				x
4.3.20 Kartoffeldruck			x	x
4.3.21 Laubsägearbeiten	x	x		

*„Die Kunst ist, den Kindern alles,
was sie tun oder lernen sollen,
zum Spiel zu machen."*

John Locke

Glossar

Akkommodation des Auges
Fähigkeit des Auges zur Scharfeinstellung bzw. zur scharfen Abbildung beobachteter Objekte auf der Netzhaut, was durch die Anpassung der Wölbung der elastischen Linse gesteuert wird

Auge-Hand-Koordination
Abstimmung und Zusammenspiel von Funktionen des Auges und der Hand bei Bewegungsabläufen

Augenfixation
Ausrichten und Festhalten des Blickes auf bestimmte Objekte

Binokulare Vollkorrektion
„beidäugige Vollkorrektion" wird in der Augenoptik für den vollständigen Ausgleich einer Fehlsichtigkeit, wie z.B. einer Kurzsichtigkeit (Myopie), einer Übersichtigkeit (Hyperopie) oder einer Winkelfehlsichtigkeit verwendet

Blickfolgebewegung
Ein Objekt in Bewegung mit den Augen verfolgen

Brain-Gym-Übungen
Bewegungsübung für spezielle Lernprobleme und Anwendungsgebiete wie Rechnen und Schreiben, sowie kreatives Denken

Feinmotorik
Willkürliche Bewegungsabläufe im kleinräumigen Bereich, die besonders die Hände und Finger betreffen

Fusion
Einzelne Bildeindrücke der Augen beim beidäugigen Sehen werden zu einem einzigen Bild verschmolzen

Ganzheitlich
Mensch wird in seiner Ganzheit betrachtet und nicht auf isolierte Bereiche oder Funktionen reduziert, d.h. es wird sich beispielsweise nicht nur an seinen Schwächen und Einschränkungen, sondern ebenfalls an seinen Stärken und Ressourcen orientiert

Graphomotorik

Willkürliche Bewegungsabläufe, die vor allem das Schreiben oder die Vorstufe Malen betreffen

Grobmotorik

Willkürliche Bewegungsabläufe im großräumigen Bereich des Körpers, die z.B. das Fahrrad fahren oder Ball spielen betreffen

Interdisziplinäres Team

Kooperation und Zusammenarbeit verschiedener Berufsgruppen im Rahmen eines umfassenden gemeinsamen Ziels, z.B. in Bezug auf einen gemeinsamen Klienten

Konvergenzbewegung

Gleichzeitige Bewegung beider Augen nach innen, um nah gelegene Objekte zu fixieren

MOHO

Das „Model of Human Occupation" bzw. das Modell der menschlichen Betätigung wurde von Gary Kielhofner in den USA entwickelt; es liefert ein theoretisches, ergotherapeutisches Gedankengerüst

Okkulomotorik

Willkürliche oder unwillkürliche Bewegungen der Augen, um die Fixierung eines Objektes zu ermöglichen

Optische Differenzierungsfähigkeit

Fähigkeit, Objekte mit den Augen unterscheidend und detailliert zu erfassen

Pädiatrie

Kinderheilkunde

Perzeption

Wahrnehmung, d.h. Aufnahme von Informationen in Form von Reizen, deren Weiterleitung zum Gehirn und anschließender Verarbeitung zu einer entsprechenden Reaktion

Prismenverordnung

Möglichkeit eine Winkelfehlsichtigkeit mit der Verordnung einer Prismenbrille zu korrigieren

„Reine" visuelle Wahrnehmung
Synonym für die spezifischen visuellen Wahrnehmungstypen nach Frostig et al.; weitgehend ohne das Einbeziehen von z.B. motorischen oder kognitiven Komponenten

Taktiles System
Tastsinn, die Haut betreffend

Therapiekonzept der sensorischen Integration nach Ayres
Verbesserung der sensorischen Integration, d.h. eine möglichst fehlerfreie Verarbeitung und Interpretation von Sinnesinformationen (hier vor allem visuell) im Gehirn; verarbeitete Sinnesinformationen werden für alltägliche Handlungen benutzt

Therapiekonzept nach Frostig
Lernstörungen werden als auf einer Wahrnehmungsstörung (u.a. visueller Natur) basierend betrachtet, Schwerpunkt liegt in der Bewegungserziehung für lern- und bewegungsbeeinträchtigte Kinder und dem Wahrnehmungstraining

Umwelt
Äußeres Umfeld eines Menschen mit verschiedenen Bedingungen wie z.B. Eltern, Familie, sozialer Status, Schule, Kindergarten, oder auch das Verhalten, bzw. die Erwartungen der Umwelt an den Menschen

Visualtraining
Sehübungen zur Verbesserung des Leistungsvermögens und zur Abwehr von Sehstress

Visuell
Das Sehen betreffend

Visuelle Merkfähigkeit
Fähigkeit, sich eine Situation, eine Anordnung von Gegenständen oder ein Objekt (z.B. ein Wort) visuell einzuprägen und ggf. wieder abzurufen

Winkelfehlsichtigkeit
Zustand des beidäugigen Sehens bei Abweichung der Sehachsen von der Ideallinie, bei dem beide Augen nur durch die Hilfe von Kompensationsmechanismen das selbe Objekt wahrnehmen; es besteht ein Ungleichgewicht in der Bewegungsmuskulatur der Augen

Literatur

Empfehlenswerte Literatur für Eltern ist mit einem ➡ markiert!

Bücher

Ayres, A.J., Bausteine der kindlichen Entwicklung. Springer-Verlag, 1998, 3. Auflage

➡ **Biermann, I.,** Spiele zur Wahrnehmungsförderung. Verlag Herder, 1999, 2. Auflage

Chappel, E., Rehabilitation: Dynamic of change. Cornell University, 1970

Christiansen, C. und Baum, C., Occupational therapy – Enabling function and well-being. Thorofare, NJ: Slack, 1997, 2. Auflage

Fischer, H., Entwicklung der visuellen Wahrnehmung. Beltz-Verlag, 1995

Frostig, M. und Müller, H., Teilleistungsstörungen, ihre Erkennung und Behandlung bei Kindern. Urban & Schwarzenberg, 1981

Frostig, M. und Maslow, P., Lernprobleme in der Schule. Hippokrates Verlag, 1978

Hagedorn, R., Ergotherapie – Theorie und Modelle. Thieme, 2000

➡ **Höfkes, A., Trahe, U., Trepte, A.,** Alltagssituationen spielend meistern, ein Handlungsleitfaden für den Alltag von Familien mit hyperaktiven Kindern. verlag modernes lernen, 2002

Jerosch-Herold, C., Konzeptionelle Modelle für die ergotherapeutische Praxis. Springer, 1999

Kielhofner, G., Model of Human Occupation. Lippincott Williams & Wilkins, 2002, 3. Auflage

➡ **Meier, Ch. und Richle, J.,** Sinn-voll und alltäglich, Materialiensammlung für Kinder mit Wahrnehmungsstörungen. verlag modernes lernen, 2002, 8. Auflage

➡ **Metzler, B.,** Hilfe bei Dyskalkulie, Lernen durch Handeln bei Rechenschwäche. verlag modernes lernen, 2001

Milz, I., Rechenschwäche erkennen und behandeln, Teilleistungsstörungen im mathematischen Denken. borgmann publishing, 1993

➡ **Pauli, S. und Kisch, A.,** Was ist los mit meinem Kind?, Bewegungsauffälligkeiten bei Kindern, Ravensburger, 1998

➡ **Pauli, S. und Kisch, A.,** Geschickte Hände, feinmotorische Übungen für Kinder in spielerischer Form. verlag modernes lernen, 2003, 9. Auflage

Pichler, H. und Pichler, M., Montessori Praxis, leichter lernen durch „Sehen-Fühlen-Erkennen". Sensor-Verlag, 1996

Reilly, M., Play as exploratory learning. CA: Sage Publications, 1974

➡ **Schaefgen, R.,** Sensorische Integration, Eine Elterninformation zur sensorischen Integrationstherapie. Phänomen-Verlag-Gitta-Peyn, 2000, 4. Auflage

➡ **Sommer-Stumpenhorst, N.,** Lese- und Rechtschreibschwierigkeiten: vorbeugen und überwinden. Lehrer-Bücherei: Grundschule, Cornelsen Verlag Scriptor, 1992, 2. Auflage

Straßburg, H.-M., Dacheneder, W., Kreß, W., Entwicklungsstörungen bei Kindern. Urban & Fischer, 2000, 2. Auflage

Zimmermann, A., Ganzheitliche Wahrnehmungsförderung bei Kindern mit Entwicklungsproblemen, Möglichkeiten der sensorischen Integration. verlag modernes lernen, 2002, 3. Auflage

Artikel

Hetz, Ch., „Die Prismenbrille, Verlaufsbeobachtung von Kindern in der Ergotherapie mit Winkelfehlsichtigkeit (gestörtes beidäugiges Sehen)". Ergotherapie & Rehabilitation, Ausgabe 8 / 2000, S. 20-30

Mentrup, Ch., „Das Model of Human Occupation (MOHO)". praxis ergotherapie, Ausgabe 4 / 1999, S. 282-289

Paul, C. und Binder, S., Visuelle Teilleistungsstörungen bei Kindern. praxis ergotherapie, Ausgabe 2 / 2001, S. 80-87

Robinson, A., „Play: The arena for acquisition of rules for competent behaviour." American Journal of Occuaptional Therapy, 31, 1977, S. 248-253

Schroth, V. „Visuelle Besonderheiten bei LRS", NOJ, Ausgabe 6 / 1999

Shannon, P., „The work-play model: A basis for occupational therapy programming." American Journal of Occupational Therapy, 24, 1970, S.215-218

Vandenberg, B. und Kielhofner, G., „Play in evolution, culture, and individual adaptation: Implications for therapy." American Journal of Occupational Therapy, 36, 1982, S.20-28

Wissenschaftliche Vereinigung für Augenoptik und Optometrie-WVAO, „Ich will nicht lesen!!!!" (Informationsbroschüre)

Wulff, U., „Gestörtes beidäugiges Sehen und Schulversagen". Ergotherapie & Rehabilitation, Ausgabe 7 / 2000, S. 15-21

Sie erreichen die Autorinnen dieses Buches unter:

www.visuelle-wahrnehmung.de
kontakt@visuelle-wahrnehmung.de

Sue Parkinson / Kirsty Forsyth / Gary Kielhofner
Übersetzung: Caroline Adler / Annett Michel / Greta J. Keutgen

Das „Model of Human Occupation Screening Tool" (MOHOST)

Benutzerhandbuch und Formblatt (für Kinder und Erwachsene)

„Das Benutzerhandbuch beschreibt die theoretische Basis, den Inhalt und Zweck sowie die verwendete Terminologie des klientenzentrierten Assessments und zeigt die Verbindung zu anderen MOHO-Befundinstrumenten. Die Durchführung wird detailgenau dargestellt, in drei Fallbeispielen anschaulich umgesetzt und durch Richtlinien für die Benutzung der Bewertungsskalen ergänzt.

Als Evaluationsbogen dient es der Dokumentation von Fortschritten in der Therapie und zeigt die Effektivität ergotherapeutischer Arbeit. Deshalb ist dem MOHOST eine möglichst große Verbreitung – ähnlich der des kanadischen Assessments COPM – zu wünschen." Heiko Müller, Ergotherapie & Rehabilitation
108 S., Format 21x28cm, Ringbindung
ISBN 978-3-8080-0591-0, Bestell-Nr. 1066, € 19,50

Klientenzentriert arbeiten

Semonti Basu / Ana Kafkes /
Rebecca Geist / Gary Kielhofner
Übersetzung: Andrea Hörning /
Maike Wolf

PVQ „Pediatric Volitional Questionnaire"

Eine Methode zur Beobachtung der Handlungsmotivation von Kindern (2-7 Jahre)

„Das Buch kann für alle Praktiker eine wirkliche Hilfe sein, gerade auch, weil es bei Kindern mit und ohne Behinderung anwendbar ist.
Ebenso lässt sich damit gut die Effektivität der Intervention überprüfen.
Alles in allem ein gut aufgemachtes kleines Buch, illustriert mit Kinderzeichnungen, mit Kopiervorlagen im Anhang und praktischer Spiralheftung. Es kann die Befunderhebung in der Pädiatrie positiv beeinflussen, da es nicht nur die Beurteilung der Fertigkeiten des Kindes beinhaltet, sondern in der Beobachtung der Handlungsmotivation weit darüber hinausgeht." E.-M. Sammet, Ergotherapie & Rehabilitation
60 S., Format 16x23cm, Ringbindung
ISBN 978-3-8080-0597-2, Bestell-Nr. 1069, € 15,30

Tanja Crameri / Anina Herter / Leila Saidani

Illustrierte Anleitungen zu Handwerksaufgaben

für die ergotherapeutische Arbeit in der Pädiatrie

Wenn ein Kind in seinem Handeln immer wieder mit seinen Schwierigkeiten konfrontiert wird, kann dies zu Frustrationen führen, oder es vermeidet von vornherein gewisse Aktivitäten, wodurch es wiederum keine Möglichkeit hat, in diesen Bereichen Erfahrungen zu sammeln. Dagegen kann das Kind durch die Unterstützung der Ergotherapeutin die positive Wirkung des handwerklichen Arbeitens erfahren.
112 S. (teilw. farbig), 34 Bögen farbige Vorlagen für Bildkarten und Register (eine Seite farbig, perforiert, beidseitig glanzfolienkaschiert), Format DIN A4, Ringbindung
ISBN 978-3-8080-0573-6, Bestell-Nr. 1064, € 29,80

Ines Pätzold / Maike Wolf /
Andrea Hörning / Jasmin Hoven

„Weißt du eigentlich was mir wichtig ist?"

COSA – Child Occupational Self Assessment – Ein Selbsteinschätzungs-bogen für Kinder von 8-13 Jahren

Mit Hilfe des COSA erfährt der behandelnde Ergotherapeut, welche Ressourcen und Schwierigkeiten im Alltag des Kindes vorliegen und wie wichtig dem Kind eine Veränderung seiner Handlungsfähigkeit ist. Im Gespräch können Kind und Therapeut gemeinsam Zielvereinbarungen und Therapieinterventionen formulieren.

„COSA bietet eine optimale Möglichkeit, die Therapie auf Wünsche und Bedürfnisse der Kinder einzustellen, aber auch, die Interessen und Wünsche der Eltern in Bezug auf ihr Kind, zu berücksichtigen." Daniela Seifert, ergotherapie.de
2. Auflage, 104 S., zweifarbige Kopiervorlagen, Format 21x28cm, Ringbindung,
ISBN 978-3-8080-0632-0, Bestell-Nr. 1065, € 19,50

BORGMANN MEDIA
verlag modernes lernen *borgmann publishing*

Schleefstr. 14 • D-44287 Dortmund • **Kostenlose Bestell-Hotline:** Tel. 0800 77 22 345 • FAX 0800 77 22 344
Ausführliche Informationen und Bestellen im Internet: www.verlag-modernes-lernen.de